# 「つみたてNISA」はこの7本を買いなさい

世界No.1
投信評価会社の
トップが教える
安心・簡単な投資法

モーニングスター株式会社
代表取締役社長
朝倉智也

ダイヤモンド社

# はじめに

## 投信の積み立ては、資産形成のために非常に優れた方法

2018年1月、「つみたてNISA」という新しい制度が始まりました。

読者のみなさんの中には、つみたてNISAという言葉を耳にして「どんなものなのだろう」と興味を持ったり、「よい制度であれば活用してみたい」と考え、本書を手にとってくださった方が多いのではないかと思います。

ここで、断言しましょう。**つみたてNISAはそんなみなさんの「味方」といえる素晴らしい制度**です。

この本をきっかけに積み立て投資を始めれば、10年後にはほぼ間違いなく、「あのときに思い切って始めておいてよかった」と言えるでしょう。

詳しくは後述しますが、つみたてNISAというのは金融庁が肝いりで作り上げた制度です。投資信託（投信）という金融商品の「積み立て投資」により、長期資産形成をするよう国民にうながすことを目的としています。

つみたてＮＩＳＡは、うまく活かせれば、だれでも無理なく簡単にお金を貯めて増やすことができ、将来に向けた資産形成を可能にする制度だといってもいいでしょう。

特に、これまで投資経験がない方、「将来に向けて少しでも資産を増やしていきたい」と考えている方にとって、つみたてＮＩＳＡが投資を始めるのに非常によいきっかけになることは間違いありません。

私は、投資信託の中立的な評価機関であるモーニングスター株式会社の代表として、個人投資家の方や、これから投資を始めようとしている方に向けてさまざまな情報を発信しています。

これまで、投信の積み立てによる資産形成をテーマとした書籍を何冊も上梓してきました。それは、投信の積み立てそのものにたくさんのメリットがあるからです。

まず、投信の積み立ては少額からスタートできます。投資や資産運用というのは、限られた「お金持ち」だけのものではなく、まとまったお金がなくても気軽に始められるものなのです。近年は、毎月１００円からでも「投資生活」を始められるようになっています。

また、日々忙しく、なかなか投資の勉強に時間が取れないという人でも、投信の積み立てなら勉強や情報収集の時間をかける必要がありません。

さらに、投信の積み立てなら「高く買いすぎた」といった投資にありがちな失敗をすることはありません。「価格が下がったと思って買ったらもっと下がった」「上がると思って買ったのにぜんぜん値上がりしない」といったように、投資した商品の値動きに一喜一憂する必要もありません。

## じっくり積み立てを続けることで「世界経済全体の成長の果実を得る」

投信の積み立ての基本的な考え方は、じっくりと積み立てを続けて長期で保有し、「世界経済全体の成長の果実を得る」ことにあります。

これは、博打のように「勝った、負けた」が重要な「投機」の世界とは無縁の、より堅実で心穏やかな投資法なのです。

積み立ての魅力やその驚くべき威力については、最新のデータと併せて本編で詳しくご紹介していきます。

いずれにしても、「**投信の積み立ては資産形成のために非常に優れた方法**」ということ、そして「**つみたてNISAは、そのメリットを十分に活かせる制度だ**」ということを、まずは知っていただければと思います。

本書では、具体的に「**どの金融機関で、何をどのように買えばいいか**」まで、銘柄名も挙げてご説明していきます。

読み終えるころには、きっと「すぐにつみたてＮＩＳＡを始めたい！」という気持ちになっていることでしょう。

「鉄は熱いうちに打て」といいます。読み終えて納得いただけた際には、ぜひ早急につみたてＮＩＳＡをスタートしていただければと思います。

その行動が、きっと読者のみなさんの将来をよりよいものにしてくれるはずです。

２０１８年1月

モーニングスター株式会社　代表取締役　朝倉智也

# 目次

# 第1章

# つみたてＮＩＳＡってどんな制度？

## 第2章
# 投資をせずに資産を築くのが難しいワケ

## 第3章 これだけわかれば怖くない！資産運用のイロハ

# 第4章 最強の資産形成法は「投信の積み立て」だと言えるワケ

# 第5章 つみたてNISAのお勧め投信、7本を大公開！

## 第6章 制度の使い分け方&メンテナンス方法を押さえよう

# 第1章

# つみたてNISAって<br>どんな制度?

# 1 つみたてNISAの対象商品「投資信託」の魅力とは

本書は「つみたてNISA」という制度を使って積み立て投資をし、長期的に資産を積み上げていくための、いわば「指南書」です。

そこでまず、つみたてNISAについて理解していただくため、この制度の主な対象となる「投資信託（投信）」がどのような商品なのか、その魅力についてご説明したいと思います。

投信は、たくさんの個人投資家から集めた資金を、運用のプロが金融市場で運用してくれる商品です。「ファンド」と呼ぶこともあります。

投信には様々な魅力があり、個人投資家が資産形成を目指すうえで欠かすことのできない金融商品といえます。

最も大きな魅力は、少ない金額からでも購入可能で、世界中の様々な資産に分散して投資できる点でしょう。

たとえば、「10万円を運用しよう」と考えた場合、まっさきに思いつくのは個別の株式を買うことかもしれません。

しかし、10万円という投資額では数銘柄しか買えず、1銘柄でも大きく値下がりすれば、投資資産が大きく目減りすることになってしまいます。

この点、投信は小口の資金をプロがまとめて運用してくれるので、少額からでも幅広い銘柄に分散投資することができます。

株式投資では投資先企業がつぶれて株が紙くず同然になり、投資したお金がすべてなくなってしまうことも考えられますが、投信はたくさんの銘柄を組み入れているので、価値がゼロになるということは起こりえないのです。

## ▼世界中の資産に幅広く投資できる

では、投信はいくらあれば買えるのでしょうか?

これは投信を購入する金融機関によって異なりますが、ネット証券ではなんと100円からでも投信を買えるようになっています。たった100円でも、世界中の資産に幅広く投資できるのが、投信という商品の魅力なのです。

多くの投信は、証券会社や銀行で買うことができます。投信を運用する「運用会社」がいわば投信のメーカーで、証券会社や銀行はメーカーが作った商品を売る販売の窓口ということになるでしょう。このほか、運用会社が自社商品の販売も手掛ける「メーカー直販型」の投信もあります。

つみたてＮＩＳＡを利用するには、証券会社や銀行、直販投信会社など、投信を販売している金融機関で口座を開設する必要があります。販売会社によって、取り扱う投信のラインアップが異なることには注意が必要です。

## ▼投信の主なコストは「販売手数料」と「信託報酬」

投信は投資家から集めた資金を運用会社が運用し、その運用の結果によって日々、資産の総額が変わります。

この資産の総額は「**純資産総額**」といい、その投信の規模を見る指標となります。

投資信託を売買する際の基本的な単位は「**口（くち）**」で、純資産総額を口数で割ったものがその投信の「**基準価額**」です。

自分が購入したときよりも一口あたりの純資産総額が増えれば、売却により値上がり益を手にすることができます。このほか、決算の際に「**分配金**」が出ることもあります。

投信にかかる主なコストとして押さえておくべきなのは、「**販売手数料（購入時手数料）**」と「**信託報酬（運用管理費用）**」の2つです。

販売手数料とは、その名前の通り、投信を購入する際に販売会社に支払う手数料のことです。販売手数料は高ければ3％を超えるものもある一方で、中には販売手数料が無料の「**ノーロード**」と呼ばれるものもあります。

信託報酬というのは、運用会社、販売会社、受託会社に対して、資産の運用や管理などを行ってもらうことへの報酬として支払う手数料です。

販売手数料は購入時に一度支払うだけですが、信託報酬は運用期間中ずっと資産から差し引かれていきます。毎年かかり続けるわけですから、長期の運用成績に与える影響が非常に大きいコストといえます。

## 2 「投資信託」の課題と、つみたてNISA誕生の経緯

投資信託が、少額から多様な資産に投資できる魅力的な商品であることは間違いありません。

しかし従来、投信販売の世界には様々な課題がありました。端的にいえば、投信を買う人がたくさんの手数料を払わされることで利益を出しにくくなるなど、長期的な資産形成に資するという本来の魅力が発揮できない状態にあったのです。

金融庁はこのことに強い問題意識を持ち、金融業界の改善に乗り出しました。ここで、2017年4月、森信親金融庁長官が行った講演の内容を見てみましょう。

「私は、ここ数年、金融機関に対し『顧客本位の業務運営』をしてくださいと一貫して申し上げてきました。企業が顧客のニーズに応える良質な商品・サービスを提供し続け

ることが、信頼に基づく顧客基盤を強固なものにし、供給者である企業の価値向上につながることは、金融機関のみならず、およそ全ての企業に当てはまる原則だと思います」

「資産運用の分野でも、お金を預けてくれた人の資産形成に役立つ金融商品・サービスを提供し、顧客に成功体験を与え続けることが、商品・サービスの提供者たる金融機関の評価を高め、その中長期的な発展につながることは当然のことです」

「しかしながら、現実を見ると、顧客である消費者の真の利益をかえりみない、生産者の論理が横行しています。特に資産運用の世界においては、そうした傾向が顕著に見受けられます」

「何故、長年にわたり、このような『顧客本位』と言えない商品が作られ、売られてきたのでしょうか？」

「資産運用の世界に詳しい方々にうかがったところ、ほぼ同じ答えが返ってきました。日本の投信運用会社の多くは販売会社等の系列会社となっています。投信の運用資産額でみると、実に82％が、販売会社系列の投信運用会社により組成・運用されています。系列の投信運用会社は、販売会社のために、売れやすくかつ手数料を稼ぎやすい商品を作っているのではないかと思います」

「これまでの売れ筋商品の例をみても、ダブルデッカー等のテーマ型で複雑な投信が多く、長期保有に適さないものがほとんどです。こうした投信は、自ずと売買の回転率が高くなり、そのたびに販売手数料が金融機関に入る仕組みになっています」

「このような、我が国において一般的に行われている投信の組成・販売の仕組みは、顧客の資産形成にいかなる効果があったでしょうか？」

「本年2月の我が国における純資産上位10本の投信をみてみると、これらの販売手数料の平均は3・1％、信託報酬の平均は1・5％となっています。世界的な低金利の中、こうした高いコストを上回るリターンをあげることは容易ではありません。日本の家計金融資産全体の運用による増加分が、過去20年間でプラス19％と、米国のプラス132％と比べてはるかに小さいことは、こうした投信の組成・販売のやり方も一因となっているのではないでしょうか」

（2017年4月7日、日本証券アナリスト協会第8回国際セミナー「資産運用ビジネスの新しい動きとそれに向けた戦略」の森金融庁長官基調講演より一部を引用）


つみたてNISAは、こうした金融庁の問題意識を背景に生まれた制度です。

繰り返しになりますが、本来、少額から投信で積み立て投資をして長期で運用することは、資産形成のために非常に有効な手段です。

しかし多くの銀行や証券会社などは、投信積み立てに積極的ではありませんでした。先にご紹介した講演内容からも窺えるとおり、銀行や証券会社の投信販売ビジネスでは多額の運用資産を持つ層をターゲットにし、販売手数料が高い投信を次々に勧めて売買を繰り返させるのが「手っ取り早く稼ぐ方法」として蔓延してしまっていたのです。

そこで金融庁は、「個人の資産形成を支援するための税制上の優遇措置」と位置付け、新たに「つみたてＮＩＳＡ」を創設しました。

つみたてＮＩＳＡの大きな特徴の1つは、**投資できる商品が、金融庁が定める条件を満たした投信に限定されている点**です。

具体的には、**販売手数料ゼロ（ノーロード）**、**信託報酬は一定水準以下**など、金融庁が考える「**長期・積立・分散投資に適した**」ものだけが対象になっています。

金融庁は、この点をもって、つみたてＮＩＳＡを「投資初心者をはじめ幅広い年代の方にとって利用しやすい仕組み」だと説明しています。

なお、現在、国内には6000本以上もの投信がありますが、金融庁が定めるつみたてNISA対象商品の条件を満たした投信は、2018年1月12日時点で138本しかありません。デメリットが大きい高コストな商品が排除されていることは、投資初心者の方はもちろん、すべての人にとって安心して投資に臨めるポイントです。

これまで長期・積み立て・分散投資に適した投信が少なかったのは、非常に残念な状況でした。

しかし、つみたてNISA制度の創設が決まると、信託報酬を引き下げる投信も出てきたほか、新たに基準に合致するよう作られた投信も続々と登場しています。業界内で、非常に激しいコスト引き下げ競争が起きたのです。

今まで以上にコストを抑えて運用できる商品がそろい、投資を始める人にとってより魅力的な商品が増えている状況については、素直に喜んでいいのではないかと思います。

# 3 つみたてNISAは、どんな仕組み？

さて、ここからは具体的な制度の概要を見てみましょう。

つみたてNISAは、日本に居住する20歳以上の人であれば、誰でも利用可能な制度です。

ごく簡単にポイントをご説明すると、**つみたてNISA口座を開設して「金融庁が定めた一定の条件を満たす投資信託（ETFを含む）」に「積み立て」で投資すると、「投資した年から20年間」にわたって「投資により得た収益が非課税になる」という制度**です。制度を利用できるのは、**投資金額（元本）が「年間40万円」まで**となっています（**図1-1**）。

通常、株式や投資信託などの金融商品で運用した場合、値上がり益や分配金などの収益は約20％が課税されます。つまり、「投資した商品が50万円値上がりした」という場合、

図1-1 ■ つみたてNISAとは

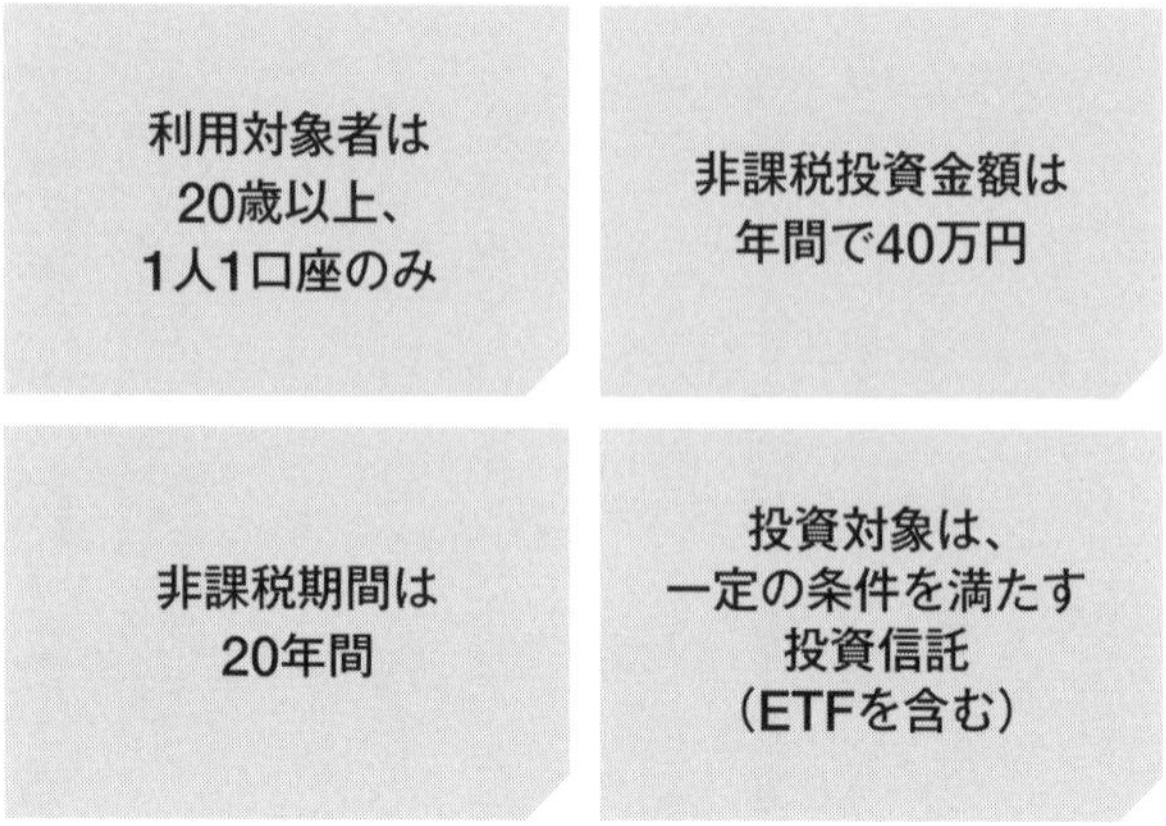
利用対象者は
20歳以上、
1人1口座のみ
非課税投資金額は
年間で40万円
非課税期間は
20年間
投資対象は、
一定の条件を満たす
投資信託
(ETFを含む)

売却すると50万円の利益に対して約10万円の税金を納める必要があるため、手元に残るのは約40万円になるわけです。

この点、つみたてＮＩＳＡを活用して投資をすれば、投信の値上がり益や分配金がまるまる利益として手元に残ることになります。この非課税メリットは、投資をする人にとってかなり大きいといえるでしょう。

仮に、毎年40万円ずつ積み立て投資をして20年間継続した場合、非課税で運用できる投資額は最大で８００万円となります（**図1**

－2）。

年間40万円ということは、12カ月にわたり毎月一定額を積み立てる場合は月3万3000円ほどになります。

もちろん、これは「上限」ですから、積み立て額は月1万円などもっと小さくても利用可能です。金融機関によっては、月100円や月1000円といった少額から利用できるようにしているところもあります。

### ▼運用は10年以上続けるのが望ましい

また、**つみたてNISAでは、投資したお金はいつでも解約可能**です。

追ってご説明しますが、投資で成果を上げるには長期で運用することがとても重要です。つみたてNISAを利用するなら、できれば10年以上は運用を続けるのが望ましいといえます。

しかし、10年、20年と長期で運用するつもりでいても、人生は途中で何が起こるかわかりません。

「積み立ててきた投信を解約して、急いでお金を準備したい」という場面がやってくる

図1-2 ■「つみたてNISA」の投資イメージ

「つみたてNISA」口座で投資信託や
ETFを購入すると、本来は20%課税される
分配金や売買益等が非課税となる。

購入できる金額は年間40万円までで、
非課税期間は20年間。

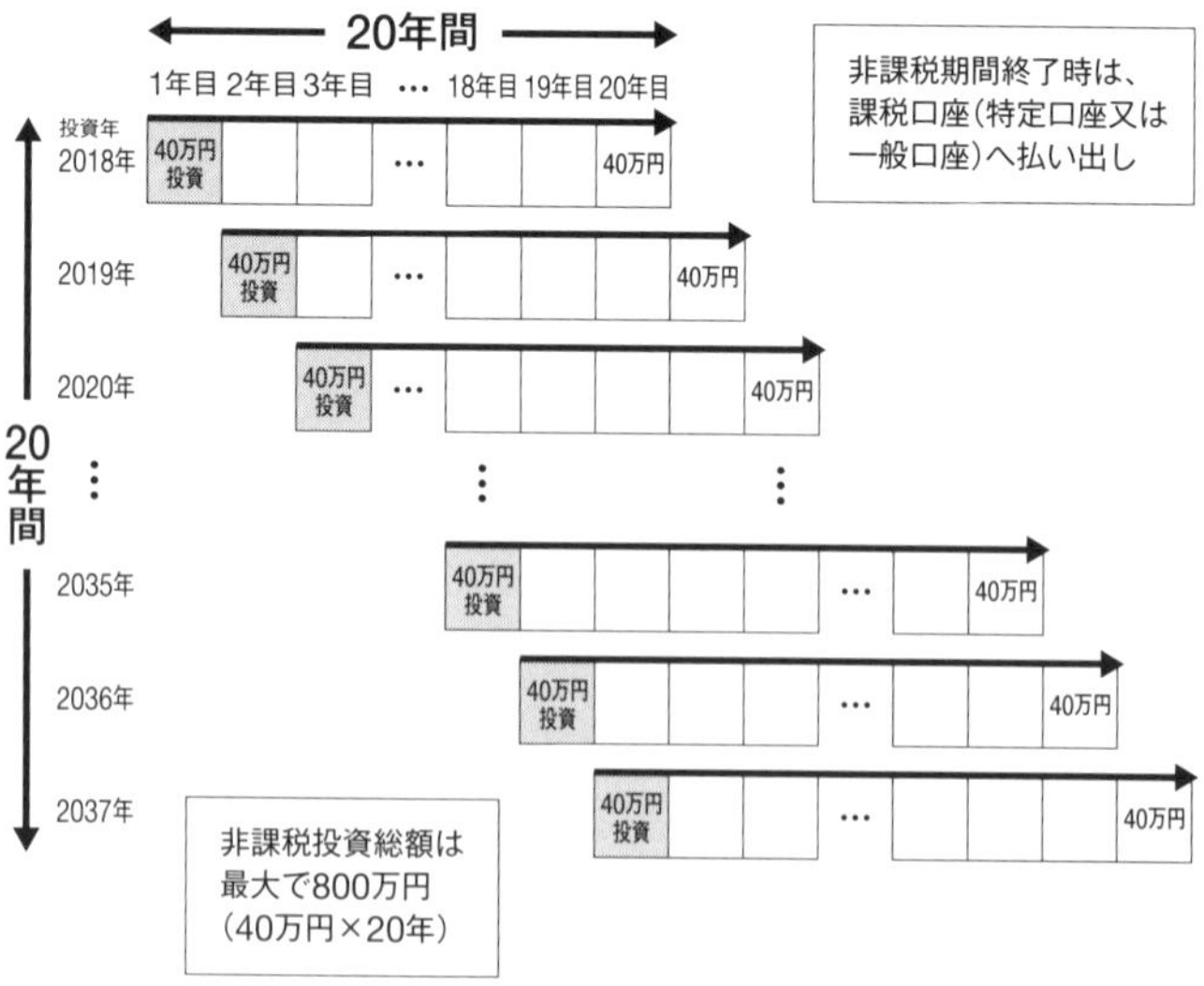

可能性もあります。そのようなとき、いつでも解約できるのは、つみたてNISAのメリットの1つです。

## ▼つみたてNISA口座は、一人一金融機関でしか開設できない

このようにメリットの大きいつみたてNISAですが、いくつか注意点もあります。

1つは、**商品の「入れ替え」ができない**ことです。

年40万円という「枠」は、一度投資をするとその分は消滅し、再利用はできません。

このため、「つみたてNISA口座の中で持っている商品を売って売却し、その分で別の商品を買うことにより商品を入れ替える」ということはできないのです。

また、**つみたてNISA口座は1人1金融機関でしか開設できません**。

この点、金融機関によって、つみたてNISA口座で買える投信が異なることは頭に入れておきましょう。ネット証券などでは100本以上を取り揃えるところもある一方で、ほんの数本、厳選してラインアップしているところもあります。

また、積み立て額や積み立ての頻度（毎月、毎週、毎日など）の設定の自由度も、金

融機関によって差があります。

金融機関の商品やサービスが自分のニーズに合っているかどうか、事前によく調べてから口座を開く必要があるでしょう。

なお、非課税メリットを享受できる制度は、つみたてＮＩＳＡのほかに「ＮＩＳＡ（一般ＮＩＳＡ）」や「ｉＤｅＣｏ（個人型ＤＣ）」もあります。３つの制度の違いや使い分け方については、第６章でご説明します。

# 第2章

# 投資をせずに資産を築くのが難しいワケ

# 1 昔と今では様変わり 預金ではお金はほとんど増やせない！

つみたてNISAは、投資信託という運用商品を使って積み立て投資をし、長期で資産形成をするための制度です。

もちろん、投信は値動きがありますから、預金のように元本が保証されているわけではありません。ここまでお読みになった読者のみなさんの中には、

「つみたてNISAが良い制度なのはわかったけれど、投資してお金が減ってしまうのは絶対にイヤ」

「投資をするのは、やはり危ないのでは？」

などというように、抵抗感を持っている人もいるでしょう。

しかし今は、将来に向けて資産を形成していくためには投資をすることが必須と言っていい時代です。

「投資は危ないのでは?」と思っている人には、まず「投資をしないこと」のほうがよほど怖いのだということを知っていただきたいと思います。

日本人は、投資先進国ともいわれる米国と比べると、家計の資産に占める預金や保険の割合が高いことが知られています。

「預金でお金を貯めていれば十分」

「保険に入っておけば貯蓄にもなるから安心」

そう考えている人が多いのでしょう。

たしかに、かつての日本では、定期預金でお金を貯め、貯蓄性のある保険に入っておけば、老後に困ることはなかったかもしれません。というのも、定期預金の金利も、保険の予定利率も、昔は非常に高い水準にあったからです。

## ▼お金が2倍になるのに2400年かかる

**図2-1**は、定期預金金利(預入期間1年以上2年未満、預入金額1000万円以上)の推移を示したものです。

1991年には、定期預金金利は6・39%もありました。一般に「72の法則」と呼

**図2-1 ■ 定期預金金利の推移**

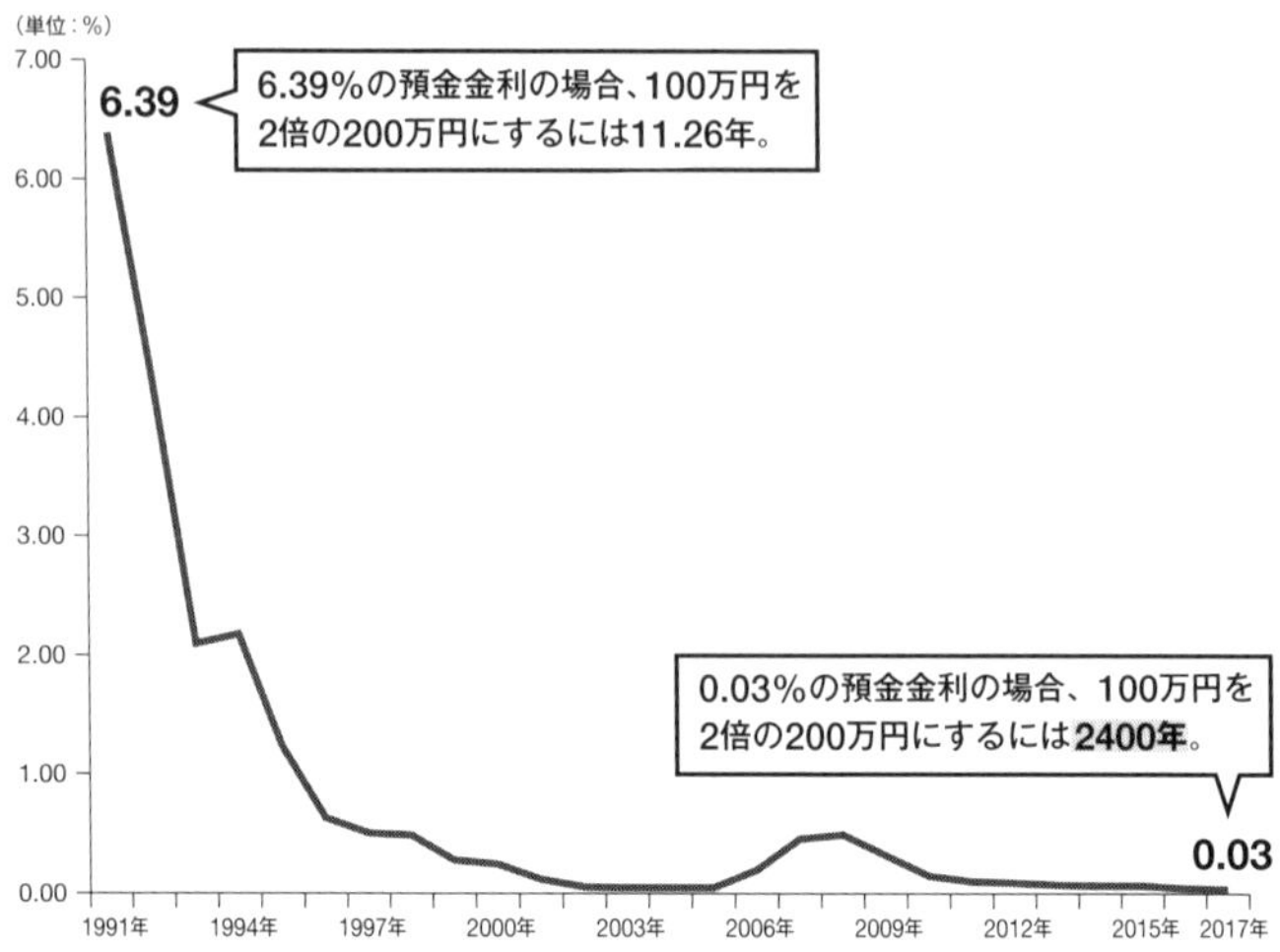


※期間：1991年～2016年の各年末時点（2017年は9月末時点）
※日本銀行統計データ（定期預金（新規受入分平均金利）、1年以上2年未満、預入金額1,000万円以上）より、モーニングスター作成

ばれる、「72÷金利」でお金が2倍になるおおよその期間を計算する方法がありますが、この法則を使って計算してみると、6・39%の金利だと「72÷6・39＝約11・26年」で預け入れたお金が2倍に増えることがわかります。つまり、昔は定期預金にあずけて10年くらい置いておけば、それだけで資産を2倍にできたわけです。

一方、2017年には、定期預金金利は0・03％にまで低下しています。この金利でお金を2倍に増やすためには、「72÷0・03＝約2400年」という気が遠くなるような年月を要することがわかります。

## ▼10年国債の金利も大幅に低下

もう1つ、**図2-2**も見てみましょう。これは10年国債の利回りの推移を示したグラフです。

バブル期の1990年には、10年国債の利回りは8・2%もありました。「72の法則」を当てはめると、「72÷8・2＝8・78年」。バブル期は国債で運用していれば10年足らずで資産を2倍に増やせたことがわかるでしょう。

しかし、グラフからおわかりいただけるように10年国債金利は大幅に低下しており、日銀のマイナス金利導入後は一時的にマイナスを記録しました。その後も低空飛行が続き、かつてのような「おいしい運用商品」ではなくなってしまいました。

バブル期には株価も大きく上昇しており、当時は、

「株をやらないなんてバカだ」

などと言う人もいました。

しかし実際のところ、多くの人にとって株式投資に挑戦する必要性は高くありません

### 図2-2 ■ 10年国債利回りの推移

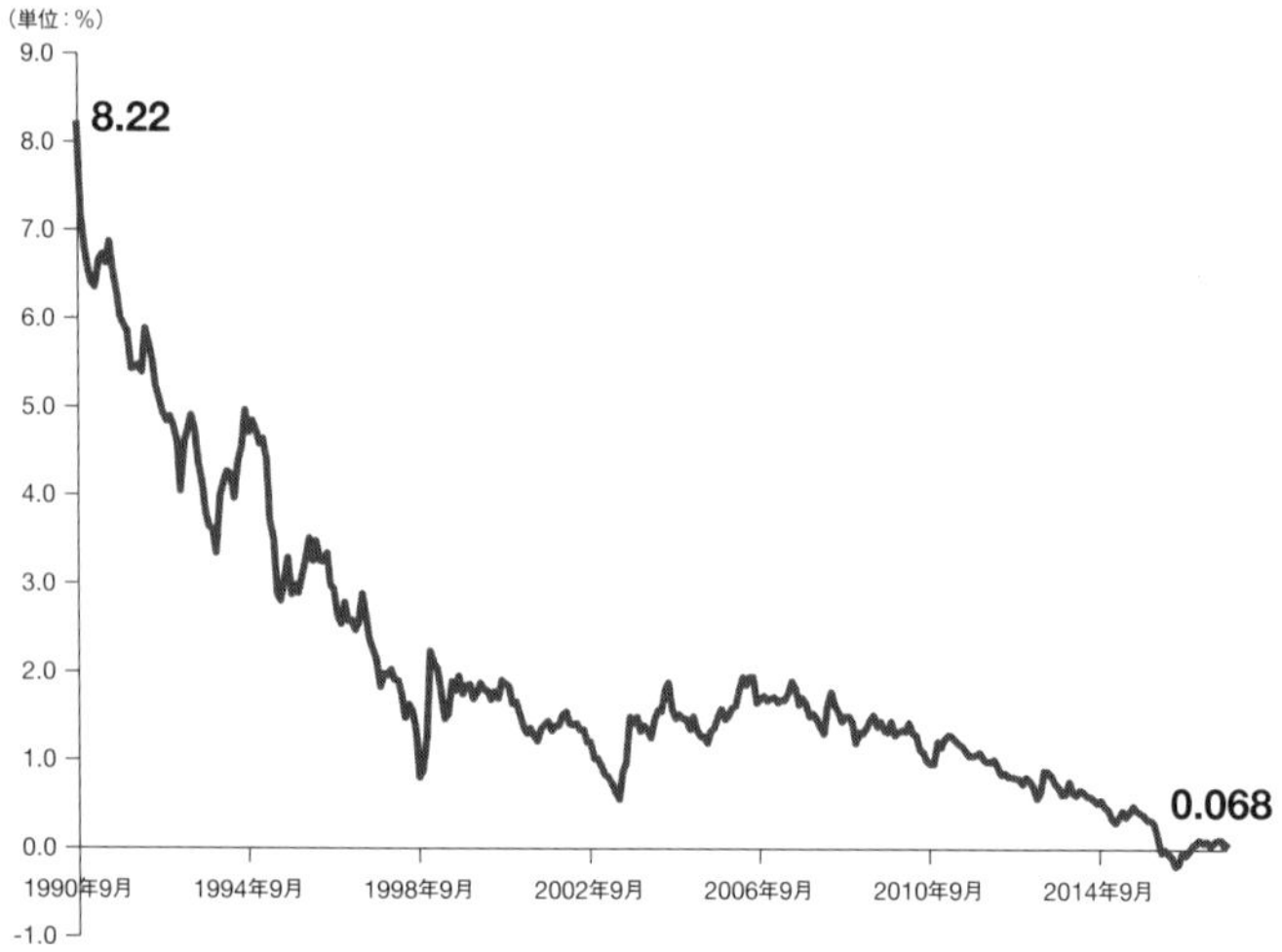


※10年国債とは新発10年国債利回り

でした。金利がこれだけ高かった時代には、だれでも、何も特別なことをせず、十分にお金を増やすことができたからです。

しかし、今はどうでしょうか？

みなさんの親や祖父母にあたる世代の人たちが「投資なんてもってのほか、預金でお金を貯めていればいい」と考えていたのは理にかなっていたかもしれません。

しかし昨今のように超低金利が続き、長期的にも大きな金利上昇が見込めない状況の中、昔の常識は通用しなくなっていると考えたほうがいいでしょう。

# 2 「保険でお金を貯めて増やす」のは合理的ではない

生命保険についても、実は同じことがいえます。

日本人は保険に対してポジティブなイメージを持っている人が多く、中には「保険にさえ入っておけば安心」と考える人もいます。

しかしバブル期以降の金利低下により、個人年金保険や終身保険などのいわゆる「貯蓄性保険」の魅力は、かなり低下しているのです。

**図2－3**は、生命保険会社の標準的な「予定利率」の推移です。予定利率とは、保険会社が契約者に対して「この利回りで運用します」と加入時に約束するものです。原則として加入時の予定利率がずっと続くので、保険は「固定金利」の商品だと考えることもできます。

1985年には、標準的な予定利率は5.5％ありました。しかし図表2－3のグラ

**図2-3 ■ 生命保険会社の標準的な予定利率の推移**

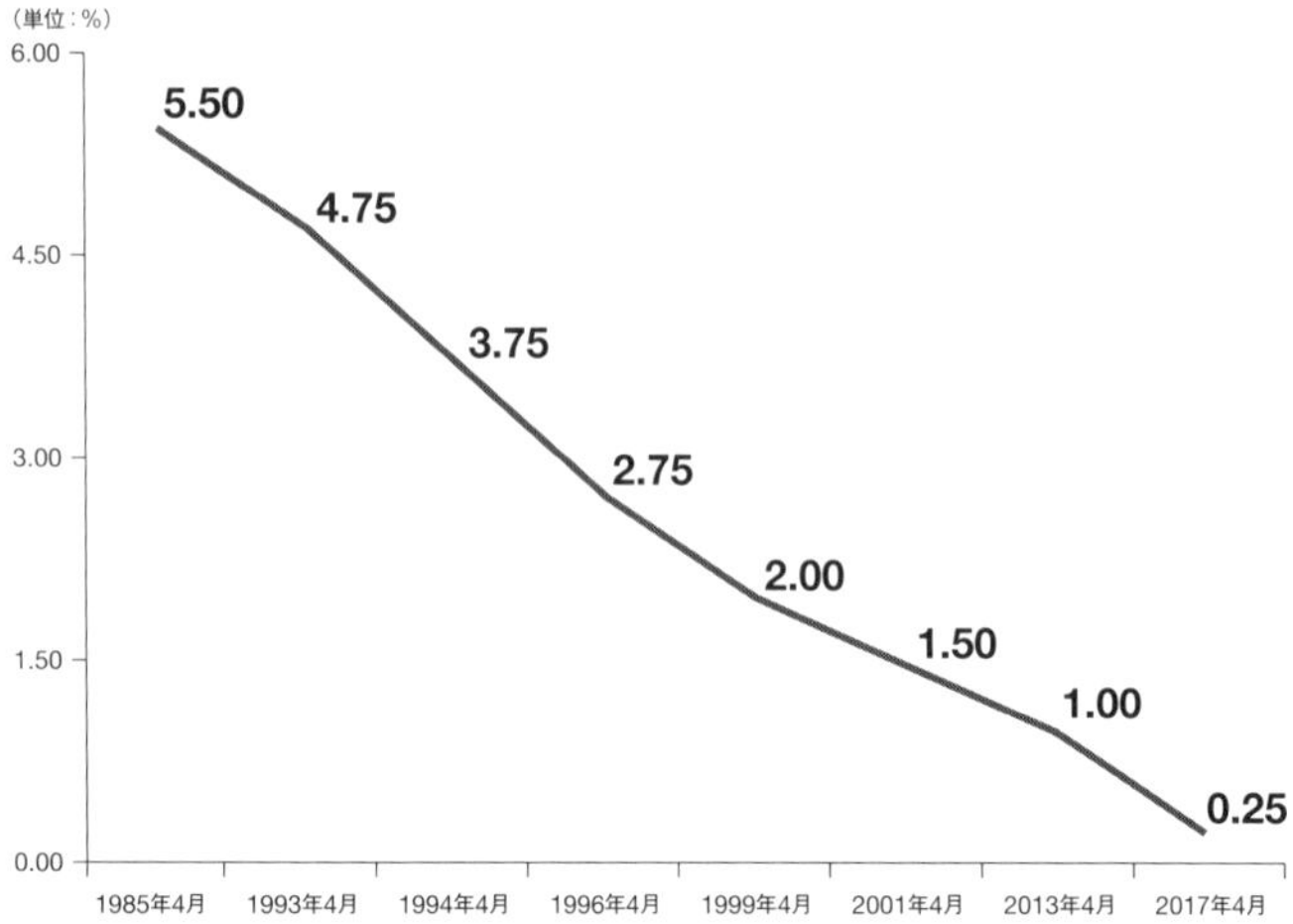


※出所：金融庁、標準予定利率（平成8年大蔵省告示第48号）
各年、4月時点

フを見てわかるとおり、その後は右肩下がりにダウンしています。２０１７年４月には、０・２５％にまで低下してしまっています。

なお、「予定利率が０・２５％」という数字を見て「定期預金金利より高いのでは？」と考えるのは間違いです。

保険に加入して支払う保険料は、保険会社が経費を差し引き、残りが保険金支払いにあてるために「責任準備金」として積み立てられます。

予定利率とは、この責任準備金の運用利回りのこと。つまり、みなさんが支払う保険料すべてが予定利率で運用されて戻ってくるわけではない、ということです。

いずれにしても、貯蓄性保険が10年、20年、30年と長期にわたり加入するケースが多いことを考えると、予定利率0・25%というのは運用商品としてはまったくといっていいほど魅力がありません。

貯蓄性保険は途中で解約可能ですが、契約当初からしばらくの間は解約すると元本割れになります。元本割れになる期間は一般に相当長く、事情が変わって「やめたい」と思ってもなかなかやめにくい商品であることも頭に入れておく必要があります。

昨今、保険でお金を貯めようと考えるのは、合理的とはいえないのです。

## 3

# 日本経済は「ゼロ成長」の時代へ

預金や保険では、お金は増やせない時代になったと言われても、

「いずれは景気がよくなって、金利も上がるかもしれないし……」

と考える人もいるでしょう。

しかし、さまざまなデータを見ていくと、日本が高い経済成長を遂げる時代はもうやってこないだろうと考えざるをえないのです。

**図2-4**は、これは、日本の実質GDP成長率の推移を示したものです。

1960年代の日本は、経済成長率が10%を超えるほどの勢いがありました。

1970～1980年代にかけても、オイルショックでマイナス成長になった年こそありましたが、おおよそ4%前後の高い成長率を誇ったのです。

**図2-4 ■ 日本の実質GDP成長率の推移**

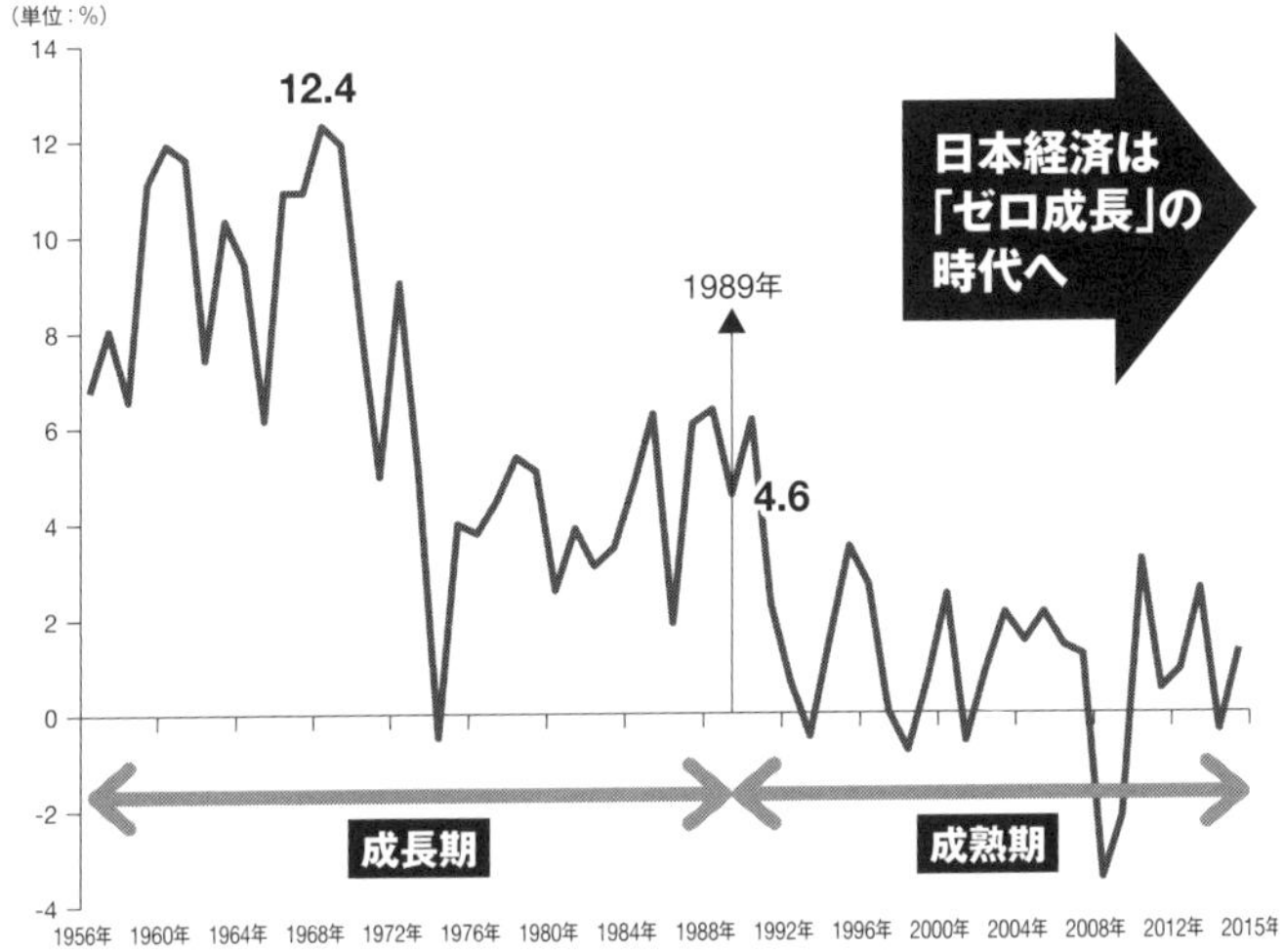


※出所：内閣府「平成27年度国民経済計算年次推計(平成23年基準改定値)

日本経済がバブルのピークを迎え、日経平均株価が12月に３万８９１５円のピークをつけた１９８９年の成長率は４・６％でした。

しかしバブルが崩壊すると、日本は「失われた20年」と呼ばれる低成長時代を迎えます。高い経済成長率を誇ったのははるか昔の話であって、日本経済はすでに成長期を終えており、成熟期を迎えて久しいのです。

近年の経済成長率は０・数％、よくても１％台ほどで、これは「ゼロ成長時代」に入ったと見るべきでしょう。

## ▼日本は、4人に1人が65歳以上のお年寄り

日本がこれほどの低成長に甘んじている背景には、明確な要因があります。それは、みなさんもご存じのとおり、他の先進国では類を見ないほど急速に少子高齢化が進んでいることです。

GDPには、「生産年齢人口（15〜64歳）×1人当たりの生産性」が大きな影響を及ぼすのですが、日本ではこの「生産年齢人口」の占める割合が急速に低下しているのです。

1965年には、日本の総人口は1億人に満たず、老年人口（65歳以上）の割合はわずか6・3％でした。

その後、バブル経済の真っ只中にあった1985年に人口が1億2000万人を突破していますが、この当時すでに老年人口の割合は10・3％にまで高まっていました。

そして2015年には、総人口が1億2700万人近くまで伸びる一方で、年少人口の割合は12・7％まで大きく低下しています。

そして老年人口は26・6％にまで増え、すでに「4人に1人が65歳以上」という世界に突入しています。

## 図2-5 ■ 高齢化の推移と将来推計

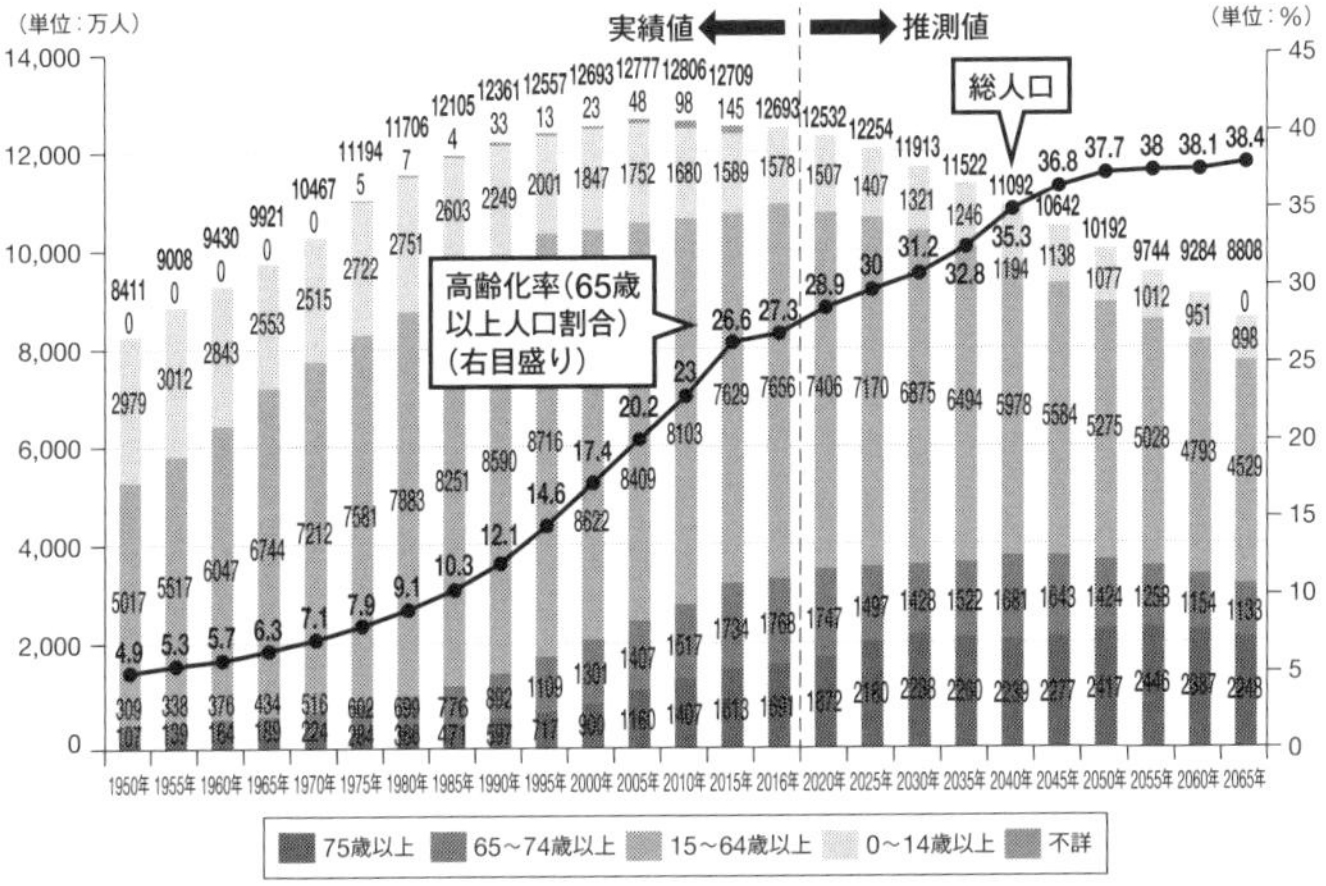


資料：2015年までは総務省「国勢調査」、2016年は総務省「人口推計（平成28年10月1日確定値）」、2020年以降は国立社会保障・人口問題研究所「日本の将来推計人口（平成29年推計）」の出生中位・死亡中位仮定による推計結果

（注）2016年以降の年齢階級別人口は、総務省統計局「平成27年国勢調査 年齢・国籍不詳をあん分した人口（参考表）」による年齢不詳をあん分した人口に基づいて算出されていることから、年齢不詳は存在しない。なお、1950年～2015年の高齢化率の算出には分母から年齢不詳を除いている。

※出所：内閣府

こうしたデータから読み取れるのは、今後、老年人口の割合が大きく伸び続ける一方で、生産年齢人口の割合が大きく低下していくことは避けられないという事実です（**図2－5**）。

# 4 「ゼロ成長時代×世の中の急速な変化」で、給料アップも見込めない

低成長の影響は、私たちの生活にもダイレクトに影響しています。

わかりやすくその影響が現れているのが、平均給与額の推移を示すデータです（**図2-6**）。

ＧＤＰは、賃金の「源泉」といえます。そのＧＤＰがなかなか伸びない状況にあるわけですから、給料が増えないのは当たり前ともいえます。

グラフを見ると、１９９７年には平均給与は４６７万３０００円でしたが、その後は右肩下がりにダウンしてきたことがわかります。

２０１３年〜２０１５年はアベノミクスの影響があり多少の伸びが見られますが、それでも２０１５年の平均給与は４２０万４０００円にすぎません。

これが日本の「失われた20年」の結果と言ってもいいでしょう。

図2-6 ■「アベノミクス」でも賃金は上がらない…

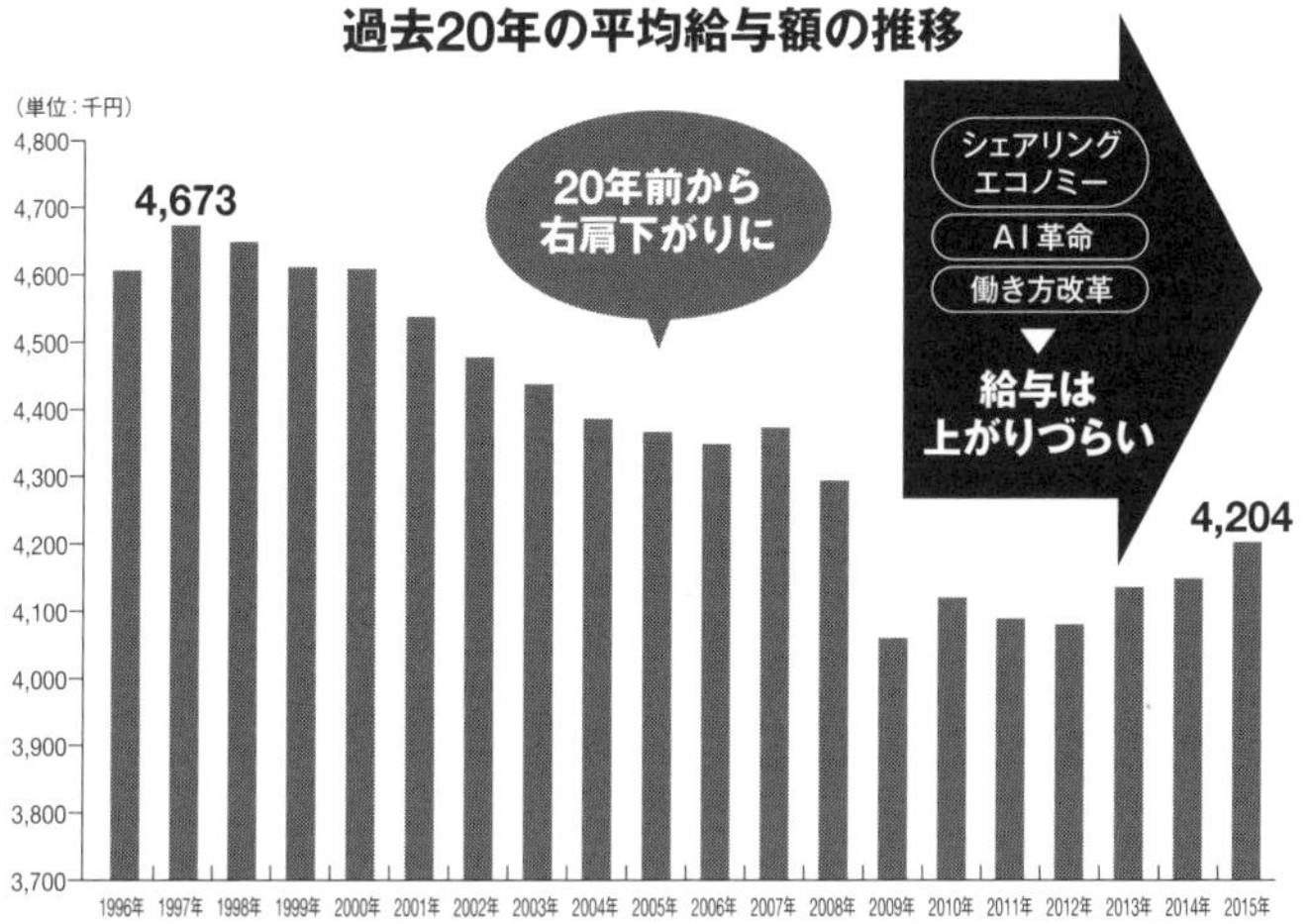


※出所：国税庁 統計情報 民間給与実態統計調査結果
※1年以上勤続者の平均年収

「これから景気がよくなれば、給与も上がっていくのではないか」

そう期待している人もいるかもしれませんが、私は、話はそう簡単ではないだろうと思っています。それは、社会のあり方が大きく変わりつつあるからです。

特に注目すべきは、シェアリングエコノミーの拡大です。

たとえば、インターネットを介して個人のスキルと世の中のニーズがマッチングできるようになり、個人対個人、個人対企業でさまざまな仕事の受発注が行われるクラウドソーシングサービスが存在感を増しています。

エアビーアンドビーのように、個人が自分の所有する部屋を宿泊場所として貸し出すサービスが人気を集めていることは、みなさんもご存じでしょう。

車のドライバーと移動したい人をマッチングするライドシェアサービスを提供するウーバーの台頭も目覚ましいものがあります。

このような変化は、企業に所属せずに働く非正規雇用者を増やし、ホテル業界やタクシー業界、自動車業界など既存の業界に影響を与えるでしょう。中には、あっという間に収益が厳しくなる企業も出てくるかもしれません。

## ▼平均給与額の減少は今後も続く可能性大

最近は、日本を代表する企業であるメガバンクが大幅な人員削減を計画していることなどもニュースになっています。

今後、従来のように正社員として終身雇用で企業に勤め、年功序列で地位が上がり、給料も伸びていくというケースはどんどん減っていくでしょう。

ＡＩ（人工知能）の発達も、世の中を変えていく可能性があります。

ソフトバンクの孫正義氏がＡＩに関して「シンギュラリティ（技術的特異点）がくる」と話しているように、そう遠くない将来、ＡＩが急激な技術革新をもたらすことにより人類の文明さえ大きく変わるかもしれません。

ＡＩが人間の頭脳をはるかに超える性能を持つのは、もはや時間の問題でしょう。ＡＩが進化した世の中において、いま私たち人間がやっている「仕事」は、必要とされるのでしょうか？

中には、「既存の仕事は半分以上が必要なくなる」と予測する人もいます。実際にどの程度の影響があるのか、正しく予測するのは難しい面もありますが、少なくとも「人間がやらなくていい仕事」がどんどん増えていくことは間違いないでしょう。

足元では、「働き方改革」も叫ばれています。生産性を高め、過剰労働の撲滅が進むのは好ましいことにも思えますが、一方では残業代が減ることも予想されます。これまで残業代によって押し上げられていた賃金が、残業削減によって減少することは十分にあり得るでしょう。こうして大局的な見地から考えれば、平均給与額の減少は今後も続くと考えておいたほうがいいでしょう。

## 5

# 「人的資本」だけでなく「金融資産」の積み上げも重要に

給与がなかなか上がりにくい時代に対応していくには、これまで以上に「稼ぐ力」を高めていくことに加え、「金融資産の積み上げ」にも目を向ける必要があるでしょう。

人が持つ資産には、「**人的資本（＝稼ぐ力）**」と「**金融資産**」があります（**図2－7**）。これから資産を築いていこうと考えているみなさんにとって、今最も重要なのは間違いなく「人的資本」でしょう。豊かな生活を送っていくためには、若いときに人的資本を高められるかどうかがカギを握っているといってもよく、人的資本は人生における資産の総額に大きく影響します。

しかし一方で、人的資本は加齢とともに少しずつ失われていくものでもあります。今後、日本では65歳や70歳を越えても働き続けるのが当たり前の世の中になると考えられますが、人的資本のピークはそれよりも手前になるケースが多いはずです。気力、体力

## 図2-7 ■ 人的資本と金融資産

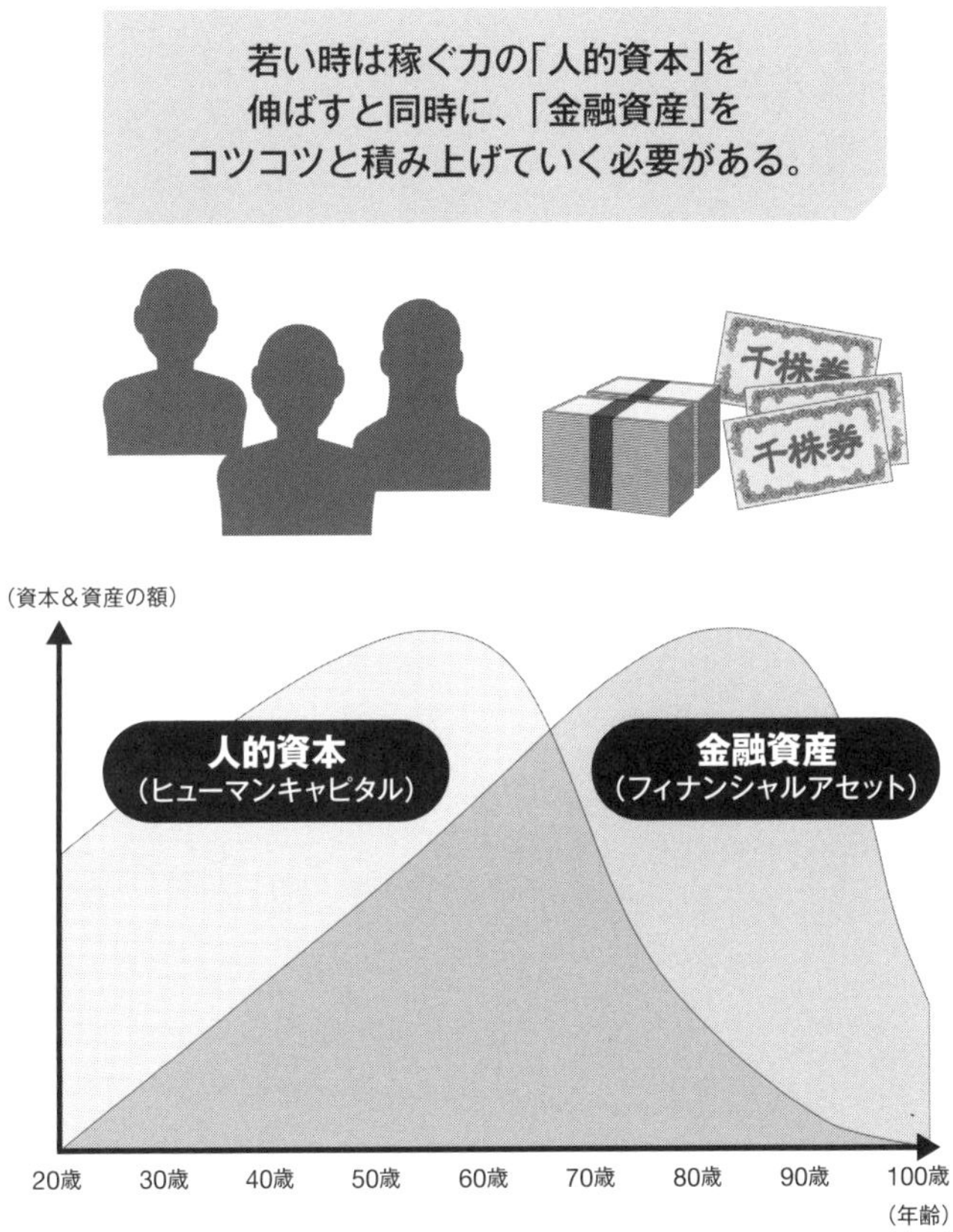

の衰えといった加齢の影響から完全に逃れられる人はいないという事実をふまえれば、やはり**老後に備えて「金融資産」を積み上げていくことが重要**といえるでしょう。

## ▼長生きのリスクは「老後破たん」

政府が「人生100年時代構想会議」を設置したことにも象徴されるように、今後、日本では今まで以上に長い人生を歩む人が増えることが予想されます。長く豊かな人生を送ることができれば幸せなことだといえますが、一方で、長生きがリスクであることも間違いありません。老後資金が枯渇していわゆる「老後破たん」におちいるおそれは、長く生きるほど高まるからです。

人的資本が失われてからの人生は、みなさんが想像している以上に長くなる可能性があります。金融資産を積み上げていくことの重要性は、これまで以上に高まっているのです。

# 第3章

# これだけわかれば怖くない！資産運用のイロハ

1

# 「投資は勝ち負け」の誤解、「投資」と「投機」の違いとは？

預金や保険でお金は増やせず、給料の伸びも期待できない中、私は金融資産を積み上げていくために「投資」を始めることをお勧めしています。

しかし、「投資」と聞くと、

「勝てば大きく儲かるけれど、負ければ大きくソンしてしまうのではないか」

と不安になったり、

「大負けして資産のほとんどを失ってしまった親戚がいる。家族から『投資なんてギャンブルのようなものだから絶対に手を出すな』と言われている」

と否定的な反応を示したりする人もいます。

多くの日本人にとって、これまで投資はあまり身近ではありませんでしたから、これは無理もないことかもしれません。

しかし、こうした不安や恐怖心は誤解に基づいていることが少なくありません。みなさんが「投資は危ないもの」と思っているのは、実は「投資」を「投機」や「博打」と混同しているだけだったりするのです。

ここで、「投機」と「投資」の違いを整理しておきましょう。

「投機」の代表例として挙げられるのは、競馬や宝くじです(図3-1)。

競馬の場合、たくさんの人が馬券を買って100億円が集まったとすると、そのうち予想が的中した人に払い戻されるお金は75億円です。25億円は、主催者であるJRA(日本中央競馬会)の取り分となります。

馬券を買って勝つ人もいれば負ける人もいますが、全体で見れば「競馬の期待収益はマイナス25%」ということになります。参加者にとっては非常に不利な「賭け」だといっていいでしょう。

宝くじは、競馬よりも条件が悪い賭け事です。みなさんが宝くじを買ったとして、そのお金のうち50%は主催者の取り分となっているからです。つまり、「宝くじの期待収益率はマイナス50%」です。

もちろん、競馬や宝くじは100%否定されるものではありません。お小遣いの範囲

図3-1 ■「投機」と「投資」の違いを理解する(1)

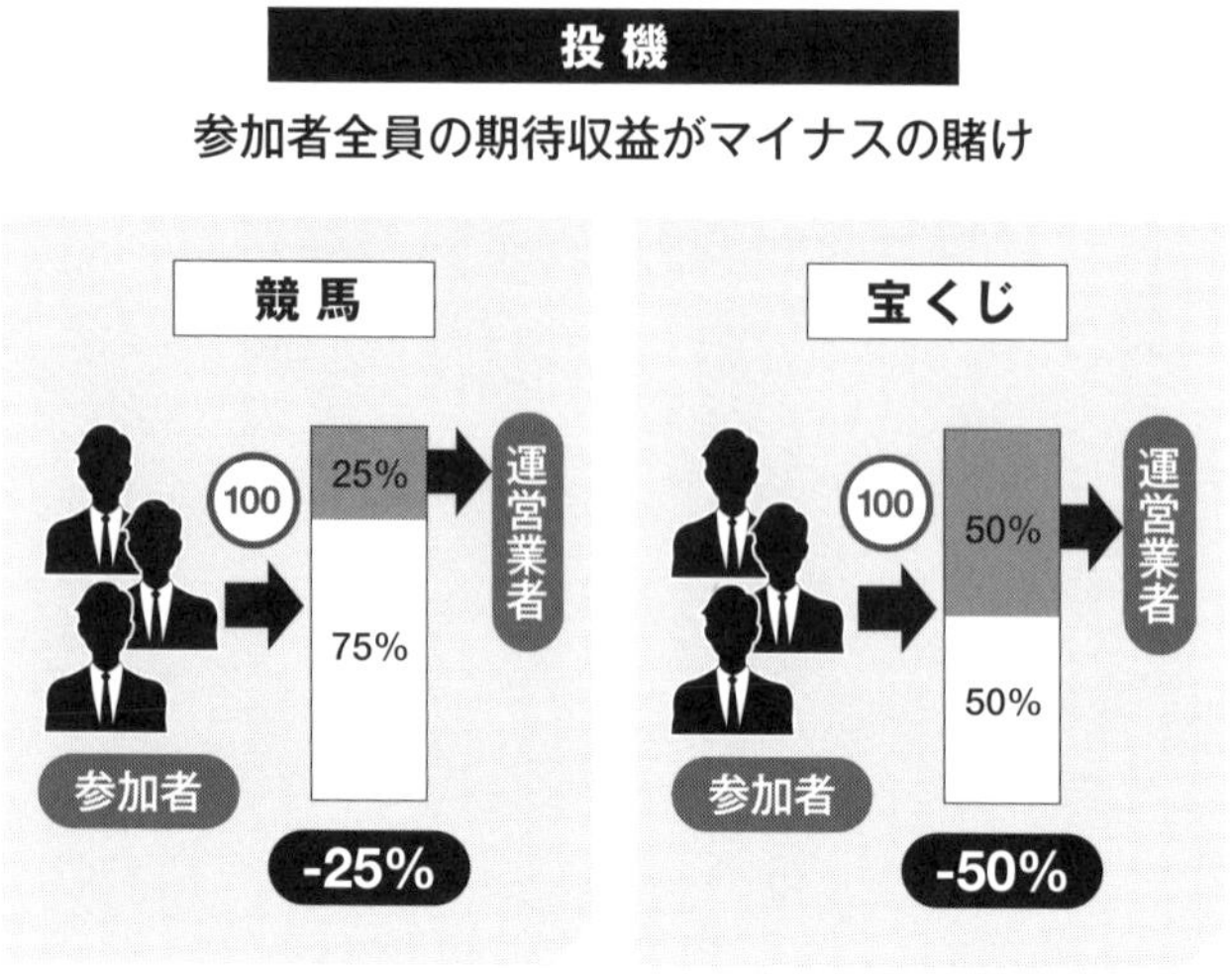


で趣味として楽しむ分には問題ないでしょう。

しかし、これらの「博打」でお金を増やそうとするのは合理的ではない、ということはしっかり頭に入れておいたほうがいいと思います。

さらに、金融商品であるＦＸも「投機」の一種といえます（**図3-2**）。

「誰かの利益が誰かの損失になる」ものは、一般に「**ゼロサム（合計がゼロ）ゲーム**」と呼ばれます。

為替の取引では、たとえばＡさんが円を売って米ドルを買うとき

図3-2 ■「投機」と「投資」の違いを理解する（2）

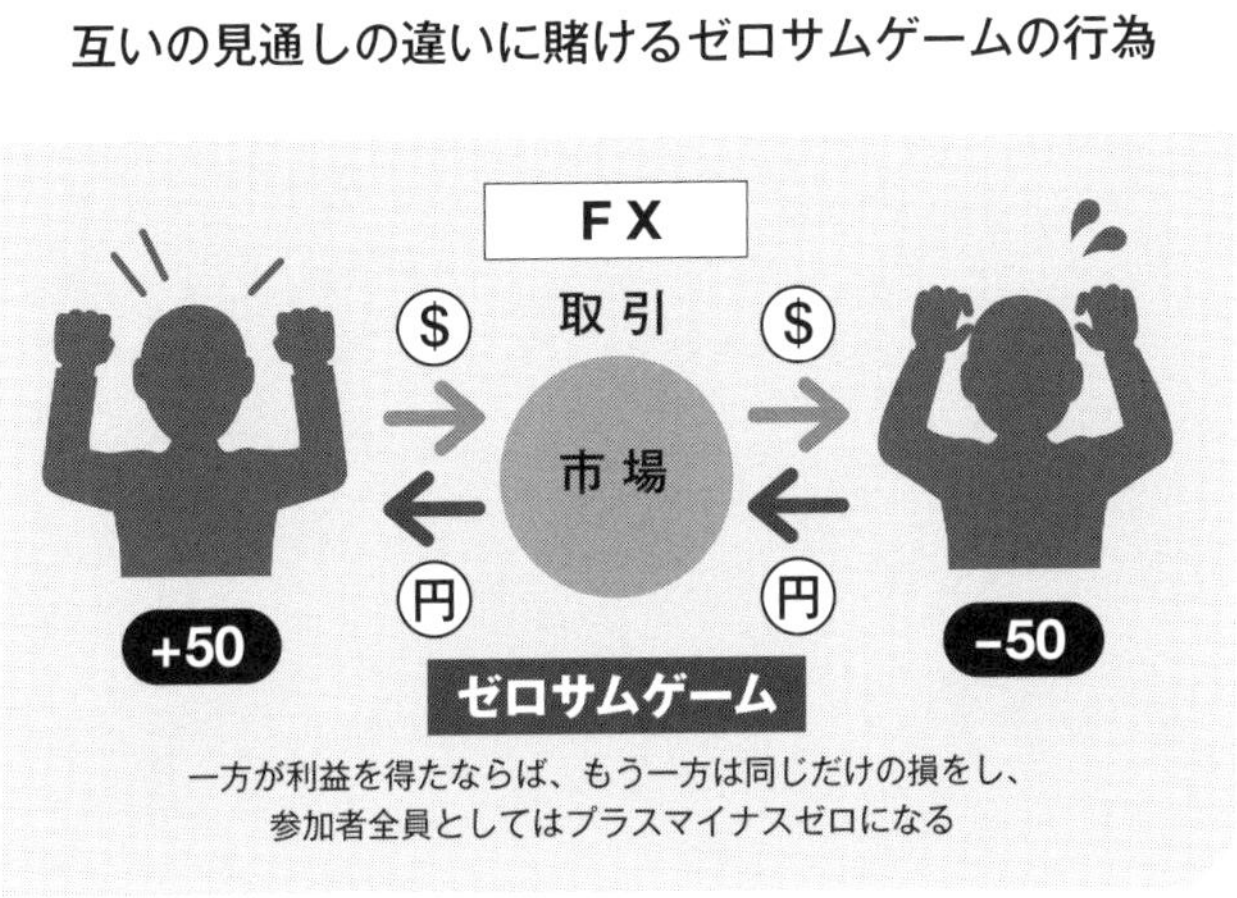
互いの見通しの違いに賭けるゼロサムゲームの行為
FX
取引
市場
$
円
+50
-50
ゼロサムゲーム
一方が利益を得たならば、もう一方は同じだけの損をし、
参加者全員としてはプラスマイナスゼロになる

は、反対に米ドルを売って円を買うBさんがいるわけです。Aさんと Bさんのどちらかが儲かれば一方は損をし、AさんとBさんの損益を足し合わせれば「ゼロ」になると考えられます。

実際には、FXでは売買手数料を支払うことになりますから、参加者全員の利益と損失を足し合わせれば若干のマイナス。胴元が寺銭を持っていくギャンブルほどではないにしても、投機的な取引であることは間違いないのです。

## ▼参加者全員が利益を得られる可能性があるのが投資

では、投資は「投機」やギャンブルとどう違うのでしょうか？

最も大きな違いは、参加者全員が利益を得られる可能性があることです（**図3-3**）。

株式投資について考えると、たとえばみなさんがある企業に投資をした場合、その企業は投資してもらったお金を元手にさらなる成長を目指します。

仮に投資家がトヨタ自動車に投資をしたとすれば、トヨタ自動車は投資家から集まった資金により、新製品を開発したり、設備投資をしたり、海外に進出したりして、さらに売り上げや利益を伸ばそうとするわけです。

そうやって出た最終利益は、原則として「資本を提供した株主のもの」になります。つまり、投資したすべての人がその果実を手にできることになるわけです。

具体的には、投資家は投資先企業から配当をもらったり、企業の成長により株価が上昇すれば、株を売却して値上がり益を手にしたりできます。株式投資に限らず、債券や不動産などに関しても同様です。

「長期的な成長とそこから上がる収益に期待して資金を投じる」行動こそ、本来的な意味での「投資」であると言えます。

図3-3 ■「投機」と「投資」の違いを理解する（3）

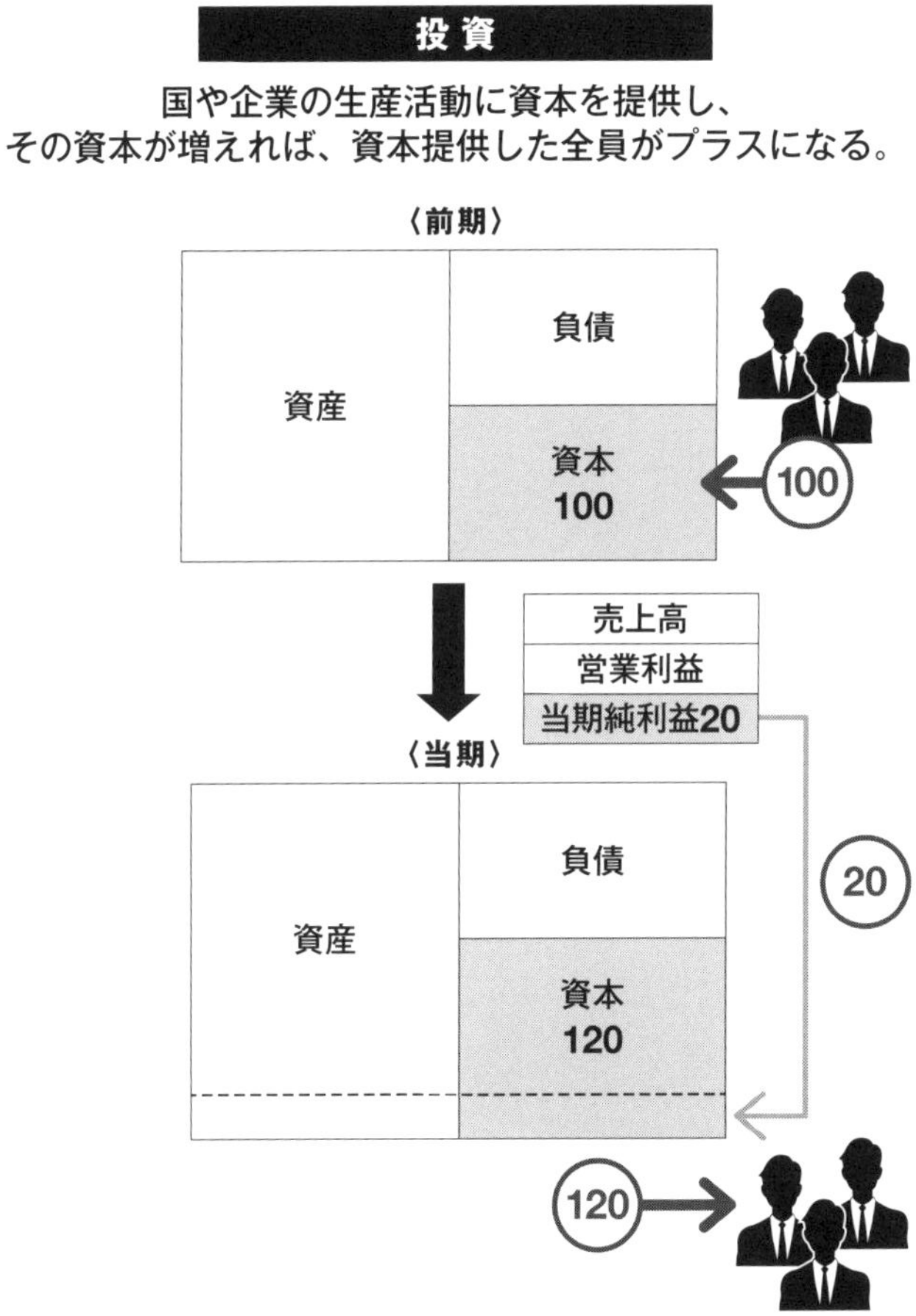

## 2 「世界経済の成長に投資をする」意味

いかがでしょうか？

投資というものに対する、「株や為替が上がった、下がったと一喜一憂する」という投機的なイメージが、だいぶ薄れてきたのではないかと思います。

「長期的な成長と、そこから上がる収益に期待して資金を投じる」ことは、決して怪しくも危なくもないのです。

では、「長期的な成長」に資金を投じるとして、具体的には、どこにお金を振り向ければよいのでしょうか？

答えは、ごくシンプルです。

「**世界中のさまざまな資産にお金を投じて、世界全体から〝経済成長の果実〟を得る**」

——これが、投資の王道です。

**図3-4 ■ 世界経済は成長を続ける**

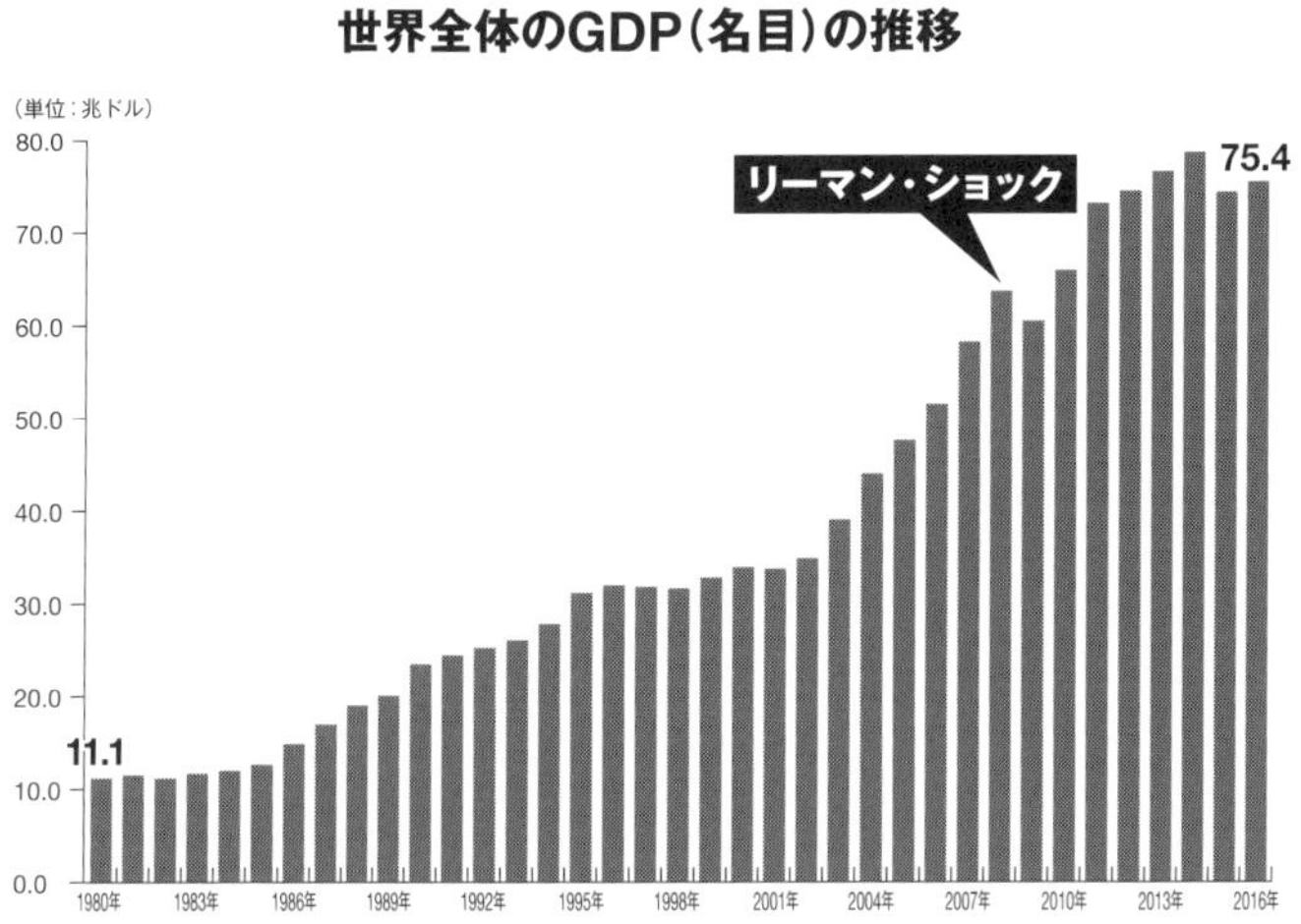


※出所：IMF「World Economic Outlook Database（April 2017）」より、モーニングスター作成

世界の国々は、絶えず経済が成長するよう努力を重ねています。そしてこれまでの歴史を振り返れば、大きな山や深い谷も経験しながら、世界は着実に経済成長を遂げてきました。

**図3-4**をご覧ください。これは、1980年〜2016年の世界の名目GDPの推移を示したものです。細かくみれば、たとえば、リーマン・ショックが起きた直後の2009年など一時的なへこみはありますが、中長期的には右肩上がりで成長を続けていることがひと目でわかるでしょう。

## ▼経済は長期的には成長を続けていく

では、この間に世界の株式の時価総額はどのように推移したでしょうか?

先のGDPの推移とあわせて、**図3-5**のグラフもご覧ください。

世界全体のGDPは、1980年には11・1兆ドルでしたが、2016年には75・4兆ドルまで拡大しています。

そして世界の経済成長に伴い、株式の時価総額も1980年に2・5兆ドルだったのが2016年には64・9兆ドルへと大きく上昇していることがおわかりいただけると思います。

経済成長は、一時的には停滞することもあります。

また、国や地域によっても成長の速度は異なり、経済がどんどん伸びていく国もあれば、低成長に甘んじ、ときにはマイナス成長に陥る国もあることでしょう。

しかし各国が努力し続けている以上、世界全体で見れば、経済は長期的には成長を続けていくと考えるのが自然ではないでしょうか。

私は、先の2つのデータがこのことを裏付けていると思います。

**図3-5 ■ 世界の株式の時価総額の推移**

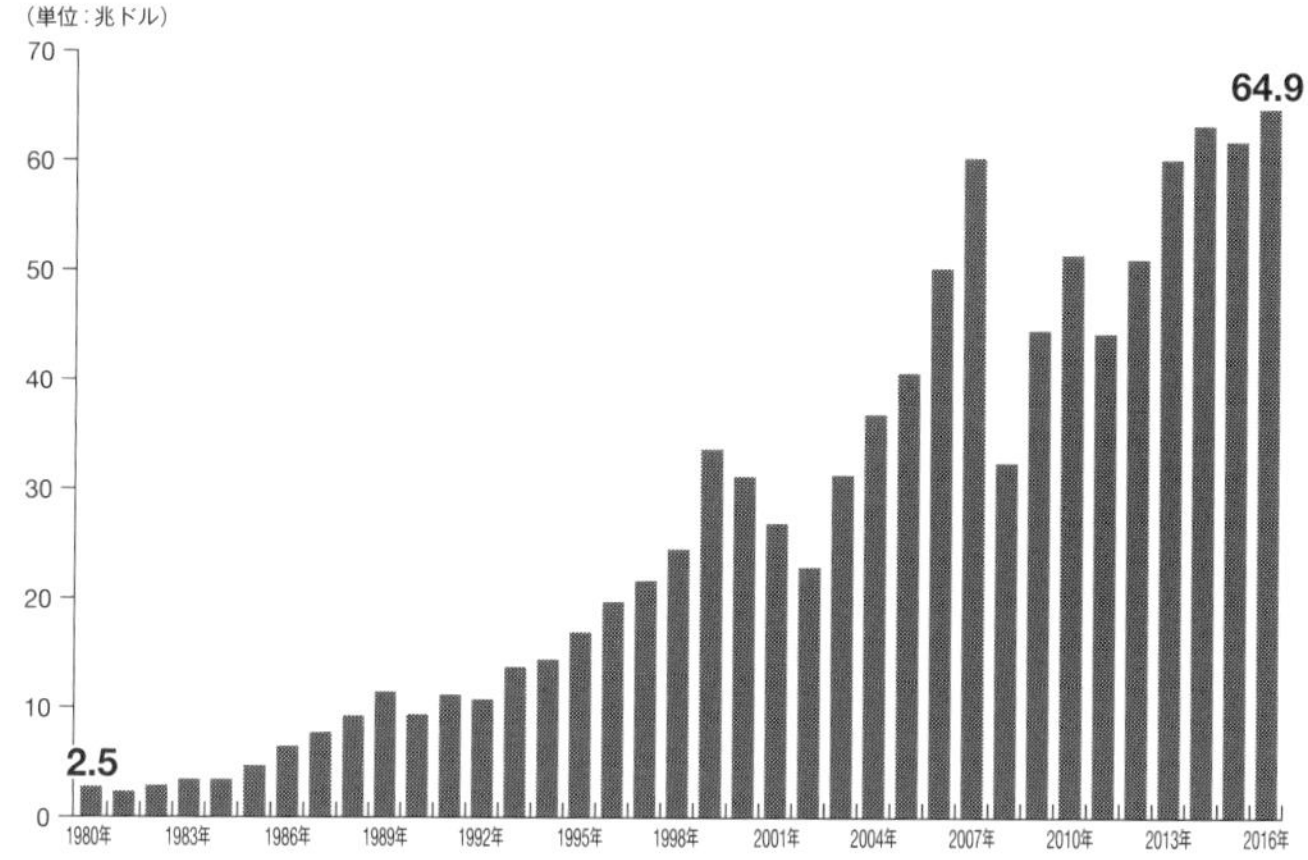


※出所：世界銀行のデータを基に、モーニングスター作成

もし、みなさんが私と同じように「今後の長期的な世界経済の成長」を信じられるのであれば、その成長に乗って世界中の資産に投資をすることをお勧めします。

# 3 「世界経済全体に投資する」なら、投信で

「世界経済全体に投資する」には、「世界中の株や債券などの多様な資産に分散投資する」ということになります。

そのための強力なツールとなるのが、先にご紹介した「投信」です。

投資対象となる資産として、多くの人が思い浮かべるのは株式でしょう。投資といえば日本株をイメージする人も少なくないはずです。

しかし、投資対象資産は国内株に限らず、先進国や新興国の株式、国内外の債券、REIT（リート）などさまざまなものがあります。

「債券って何？」「REITというのは初耳だ」という方もいると思いますが、身構える必要はありません。ここで簡単に概要だけ押さえておけば十分です。

債券とは、国や企業が投資家から資金を調達するために発行する有価証券のことをいいます。利率、利払い日、満期日が決められており、国が発行するのは「**国債**」、企業が発行するものは「**社債**」といいます。債券は市場で取り引きされており、金利の動向などによって価格が変動しますが、株式と比べるとリスク・リターンが低いのが特徴です。

**REIT**というのは「**不動産投資信託**」のことで、投資家から集めた資金でオフィスビルや商業施設など複数の不動産を買って運用し、賃貸収入や売買益を投資家に分配する商品です。

## ▼投信とは、個人投資家の資金を集めて合同運用する仕組み

世界に分散投資をするという場合、一般的には国内株式、先進国株式、新興国株式、国内債券、先進国債券、新興国債券、国内ＲＥＩＴ、海外ＲＥＩＴといった投資対象が考えられるわけです。

しかし、こうしたさまざまな資産に自分で直接投資するのが難しいことは、容易に想像がつくでしょう。

海外の株式や債券に投資するのは情報収集などの面でハードルが高いのはもちろん、新興国市場の中には日本から個別の株を買えないところもあります。

また、「世界中に投資する」という観点では地域や資産クラス（資産の種類）を分散し、多くの銘柄を保有する必要がありますが、そのためにはまとまった資金がなくてはなりません。

個人で直接、世界に分散投資をするというのは、あらゆる面で現実的ではないのです。

そこで、投信の出番です。**図3－6**をご覧ください。

**投信は、個人投資家から集めた小口の資金をまとめて「合同運用」する仕組み**です。

投信を使えば、国内の株式だけでなく、先進国株式、新興国株式、国内債券、先進国債券、新興国債券、国内ＲＥＩＴ、海外ＲＥＩＴなどに少額から投資することができるわけです。

世界経済の成長に期待して投資をしていくのに、投信ほど優れたツールはないといってもいいでしょう。

図3-6 ■ 世界の様々な国や企業への投資に「投資信託」を活用する

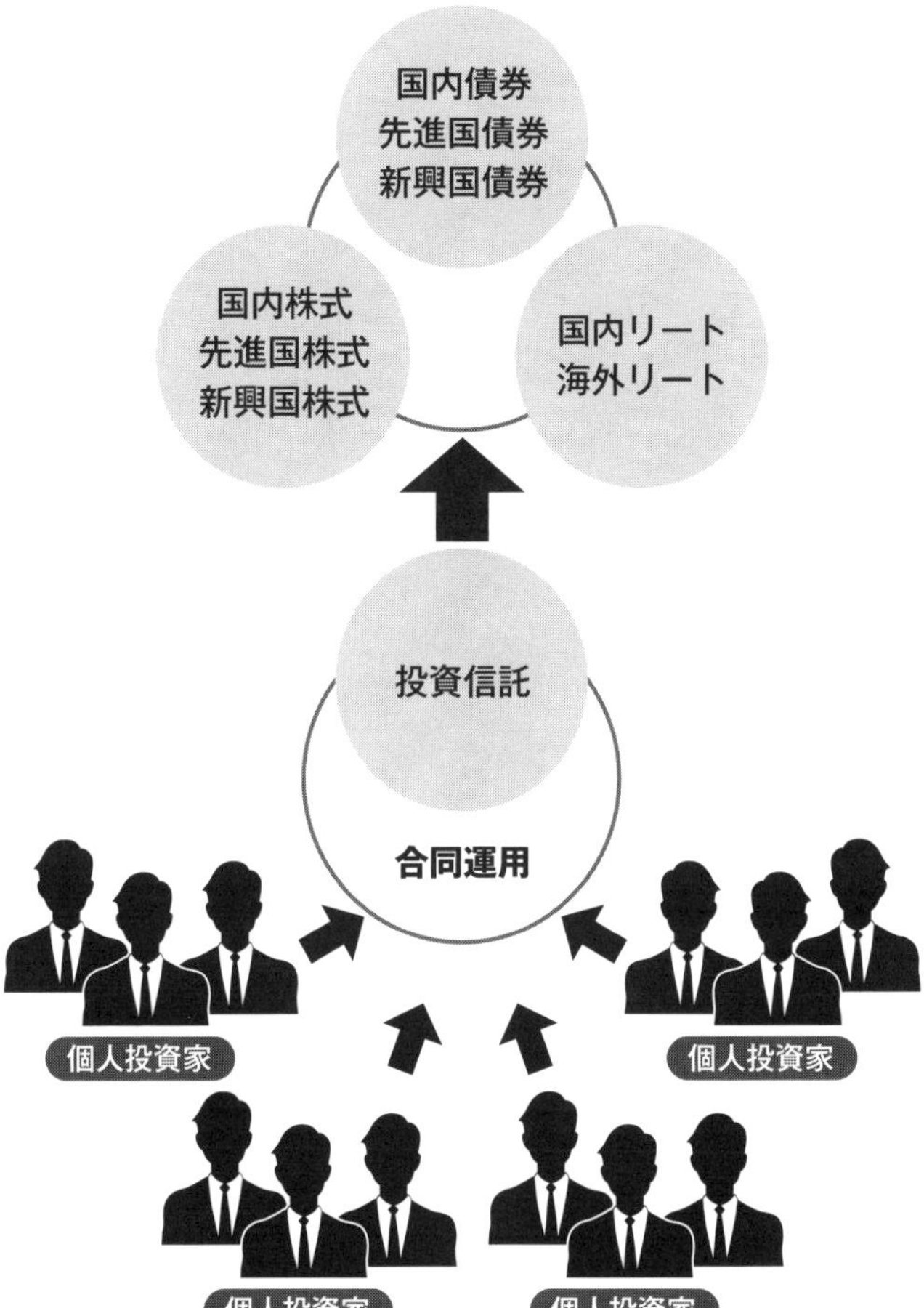

## 4 「分散」の必要性――「リスク」と「リターン」の関係を知る

幅広く資産を分散して投資することは、運用資産全体の「リスク」を抑えるという観点でも非常に重要です。

リスクという言葉は、一般に「危険性」という意味で使われることが多いのですが、投資の世界では**「価格のブレ」**のことをいいます。

そして、値動きのある商品の中でも**価格のブレが大きいものは「リスクが高い」、価格のブレが小さいものは「リスクが低い」**といいます。

これから投資をしていくにあたり、どんな投信を買うかを考える際には、「リスク」と「リターン」の関係を知っておく必要があります。

知ってしまえば難しい話ではありませんから、ここで「リスク」「リターン」について基本的な考え方を学んでおきましょう。

**図3-7**をご覧ください。これは、1997年11月から2017年11月までの20年間のデータから、「各月末時点でそれぞれの資産に投資して1年間保有した場合、最大上昇率と最大下落率がどれくらいだったか」を示したものです。

たとえば、過去20年間のあるタイミングでトヨタ自動車の株式に投資したAさんは、1年で107・5％の利益を上げることができました。

しかし、別のタイミングでトヨタ自動車株に投資したBさんは、1年でマイナス51・9％の損失を被ったわけです。

この場合、「過去のデータから、最悪の場合は1年間で最大51・9％下落することが考えられ、最善の場合は1年間で最大107・5％上昇することが考えられる」というのが、「リスク」の正しい認識です。

グラフからは、トヨタ自動車の株式は、「国内株式」全体や「先進国株式」全体と比べると価格のブレが大きく、相対的には「リスクが高い」ということがわかります。

また、新興国株式はほかの資産に比べて価格のブレが大きく、リスクが高めであることなども見て取れるでしょう。「新興国株式はリスクが高い」と言われるのを聞いたことがある人もいると思いますが、それは「新興国の株なんて危ない」という意味ではなく、「新興国株に投資すると大きく儲かるかもしれないけれど、大きく損するかもしれない」ということなのです。

ここでご紹介したデータからも見て取れますが、原則として、**リスクとリターンは表裏一体の関係**にあります。ローリスクの商品を選ぶなら期待できるリターンも低くなりますし、ハイリターンを期待するなら高いリスクを取らなくてはなりません。「ローリスク・ハイリターン」の金融商品は、世の中には存在しません。

### ▼資産の組み合わせ方によって、リスクはある程度調整できる

ここまで押さえたら、先ほどの話に戻りましょう。幅広く資産を分散して投資することは、運用資産全体の「リスク」を抑えるために重要なのでしたね。

これは、値動きが異なる資産を合わせ持つと、1つの資産の価格が下がったときにほかの資産の価格上昇で補う効果があり、保有資産全体の「**価格のブレ=リスク**」を抑えることができるからです。

なお、さまざまな資産に分散する際は、株式のようにリスクが高い資産の割合を高めれば保有資産全体のリスクは高まり、逆に債券のようにリスクが低い資産の割合を高め

## 図3-7 ■ 1年間の投資収益幅の比較

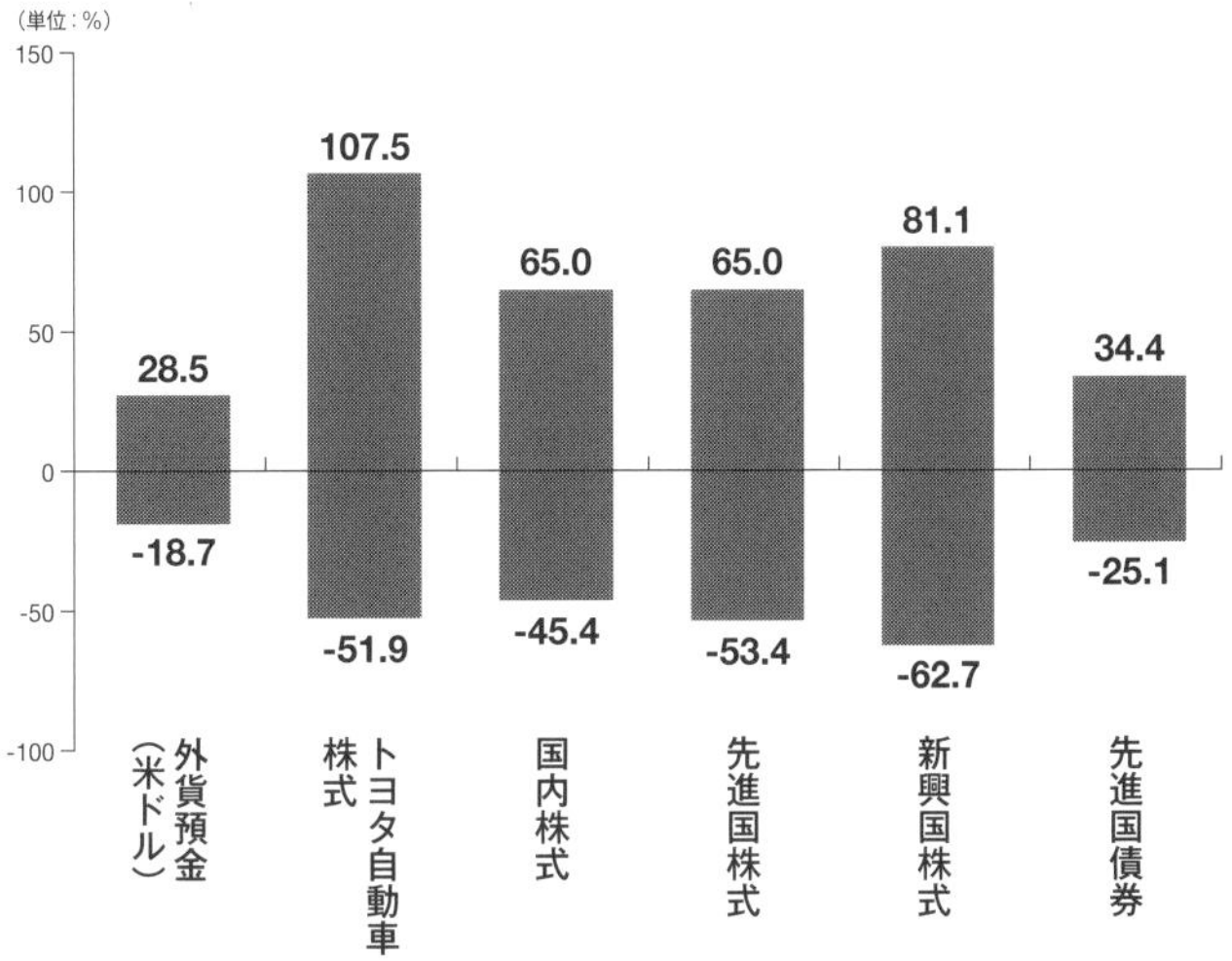


※1　期間：1997年11月～2017年11月(20年間)のデータを基に作成
※2　月末時点で各資産へ1年間投資した場合の最大上昇率・最大下落率を表示
※3　外貨預金(米ドル)＝FF金利、国内株式＝TOPIX(配当込み)、
　　先進国株式＝MSCI コクサイ・インデックス(配当込み、円ベース)、
　　新興国株式＝MSCI エマージング・インデックス(配当込み、円ベース)、
　　先進国債券＝シティ世界国債インデックス(除く日本、円ベース)
※4　円ベース＝各インデックス(米ドルベース)×TTM
出所：モーニングスター作成

れば保有資産全体のリスクは低くなります。

つまり、資産の組み合わせ方によって、リスクはある程度調整できるということです。

## 5 何にどれくらい投資すべきか？ 資産運用はプランニングが重要

「なるほど、投信を使って世界の資産に分散投資すればいいのか。じゃあ、具体的に何を買えばいいの？」――ここまで読み進めてくださった方は今、きっとこんなふうに考えていらっしゃるのではないかと思います。

しかし、資産運用において「何を買うか」を最初に考えるのは適切とはいえません。大切なのは、**みなさん自身が「自分の資産運用の目的」を考え、「自分の目的に合わせて運用する」**ことだからです。

具体的に、自分の資産運用プランを考えてみましょう。必要なステップは、

①いつまでに、どれくらいの資金を目標とするべきかを見積もる

②これから運用に回せる資金がどれくらいあるかを見積もる

③「運用できる資金」と「いつまでにいくら目標とするのか」から、年に何パーセントの運用利回りであれば目標額を達成できるかを計算する

④その利回りを達成するために、どのようなポートフォリオ（資産の組み合わせ）が必要かを確認する

⑤実現が難しい場合は、「目標額を下げる」「運用に回す資金を増やす」「よりリスクを取ってより高いリターンを目指す」といった運用プランの調整を行う

――の5つです。

このステップを踏むために、**図3-8**の「7つの質問」に答えてみてください。

1つめの質問は、資産運用の「目標とするライフイベント」です。まとまったお金が必要となるライフイベントといえば、住宅取得、子どもの教育、老後の生活などが考えられるでしょう。

2つめの質問は、ライフイベントに必要な金額と、それまでの期間です。

たとえば、「住宅取得のため、頭金を貯めたい」という場合、一般には住宅取得額の

10％程度を用意すべきだと言われています。つまり、4000万円の住宅を買うなら購入時までに400万円程度の頭金を準備したほうがいいということになります。このように具体的に考えてみると、「400万円を10年間で準備したい」というように質問への答えが見つかります。

このほか、子どもがいる方の場合は教育資金の準備も目標となりそうです。大学進学する場合の教育費は、子ども1人あたり700万～1000万円程度が目安と言われます。子どもが何人かいる場合は、それぞれが進学するタイミングに合わせて準備しなければならないでしょう。

リタイア後の生活に備えて老後資金を準備する場合、どれくらいの金額を目指せばいいのかというのは、将来の年金額や老後の生活スタイルによって大きく変わります。できれば、「老後に公的年金や企業年金がどれくらい受給できそうか」「老後は毎月どれくらいの生活費が必要か」「年金受給額で不足する生活費はどれくらいか」「月々の生活費以外に準備しておくべき資金はどれくらいか」などを自分の生活スタイルも勘案してざっくり計算してみるといいでしょう。

一般的には、年金生活に入るまでに2000万～3000万円程度を準備するのが1

## 図3-8 ■ 資産形成をこれからする人への7つの質問

**Q1.** 目標とするライフイベントは？

______________

| ライフイベント | 必要額の目安 |
|---|---|
| 住宅取得資金の頭金 | 全体の取得額の10%<br>たとえば4,000万円の住宅であれば、4,000万円×10%＝400万円 |
| 子供の教育資金 | 700万円～1,000万円 |
| 老後の準備資金（公的年金を除く） | 2,000万円～3,000万円 |

**Q2.** ライフイベントに必要な金額とそれまでの期間は？

______________ 円　　______________ 年

**Q3.** 現預金の合計は？……(a)

______________ 円

**Q4.** いざというときのために備えておくべきお金はいくら？
（毎月の手取り収入×６カ月分）……(b)

______________ 円

**Q5.** 投資に回せる余剰資金はいくら？……(a－b)

______________ 円

**Q6.** 毎月の積立可能額はいくら？

______________ 円

↓

**Q7.** 目標達成に必要な年間の運用利回りは？

______________ %

つの目安になります。

## ▼投信の積み立てなら、まとまったお金がない人でも無理なく始められる

1つめと2つめの質問にうまく答えられない人は、無理にライフイベントを設定しなくても構いません。その場合は、「30年後に3000万円の資産をつくりたい」など、暫定的に目標を置いてみてください。

なお、次章でより詳しくご説明しますが、つみたてNISAを利用して投資をする場合に積み立て投資のメリットを享受するには、10年以上の長期にわたり積み立てを継続するのが非常に重要なポイントとなります。このため、ここではできれば10年以上の運用期間がとれる目標を設定してみることをお勧めします。

続いて3つめの質問は、いま持っている現預金の額です。預金口座が複数に分かれていたり、社内預金や財形などでお金を貯めていたりすると、正しい預金額を把握できていないケースもあります。これを機に、自分が保有する現預金をすべて洗い出してみてください。

４つめの質問は、「いざというときのために備えておくべきお金はいくらか」です。病気やケガ、あるいは突然のリストラなど、人生はさまざまなトラブルが起こりえます。そのような場面に備え、ある程度の余裕資金はすぐに引き出せる預貯金などで手元に置いておく必要があります。

一般的には、毎月の手取り収入の６カ月分程度が目安です。たとえば手取り月収が30万円の人なら、30万円×６カ月＝１８０万円ほどは、運用に回さずに取っておいたほうがいいでしょう。

５つめの質問は、投資に回せる余剰資金の額です。「いま持っている現預金」から「いざという時のために備えておくべきお金」を差し引けば、余剰資金額がわかります。

ここで「いざという時のためのお金を確保すると、余剰資金がないんだけれど……」という方も、どうぞご安心ください。本書のテーマである、つみたてＮＩＳＡを活用した投信の積み立てなら、投資に回せるまとまったお金がない人でも無理なく始められます

６つめの質問は、「毎月、積み立て可能なお金がどれくらいあるか」です。まずは無

理なく続けられそうな金額を考えてみてください。

なお、先にご説明したように、つみたてNISAでは年間40万円の投資が可能なので最大で月3万3000円程度となります。この金額を1つの目安にしてもいいでしょう。

ここまでの質問に答えられたら、目標を達成するために必要な運用利回りを計算します。

## ▼運用利回りを計算しよう

運用利回りの計算は電卓では難しいので、モーニングスターのウェブサイトをぜひ活用してください。

**図3-9**をご覧ください。モーニングスターのトップページから「かんたんファンド検索」をクリックし、「さっそくポートフォリオを組んでみる」に進むと、「目標金額に必要な利回りでポートフォリオを組む」というページにたどり着きます(https://www.morningstar.co.jp/FundBeginner/portfolio_return1.html)。

利用するのは、このページの「毎月積み立てる場合」のタブです。

図3-9 ■ 目標を達成するための運用利回りを計算

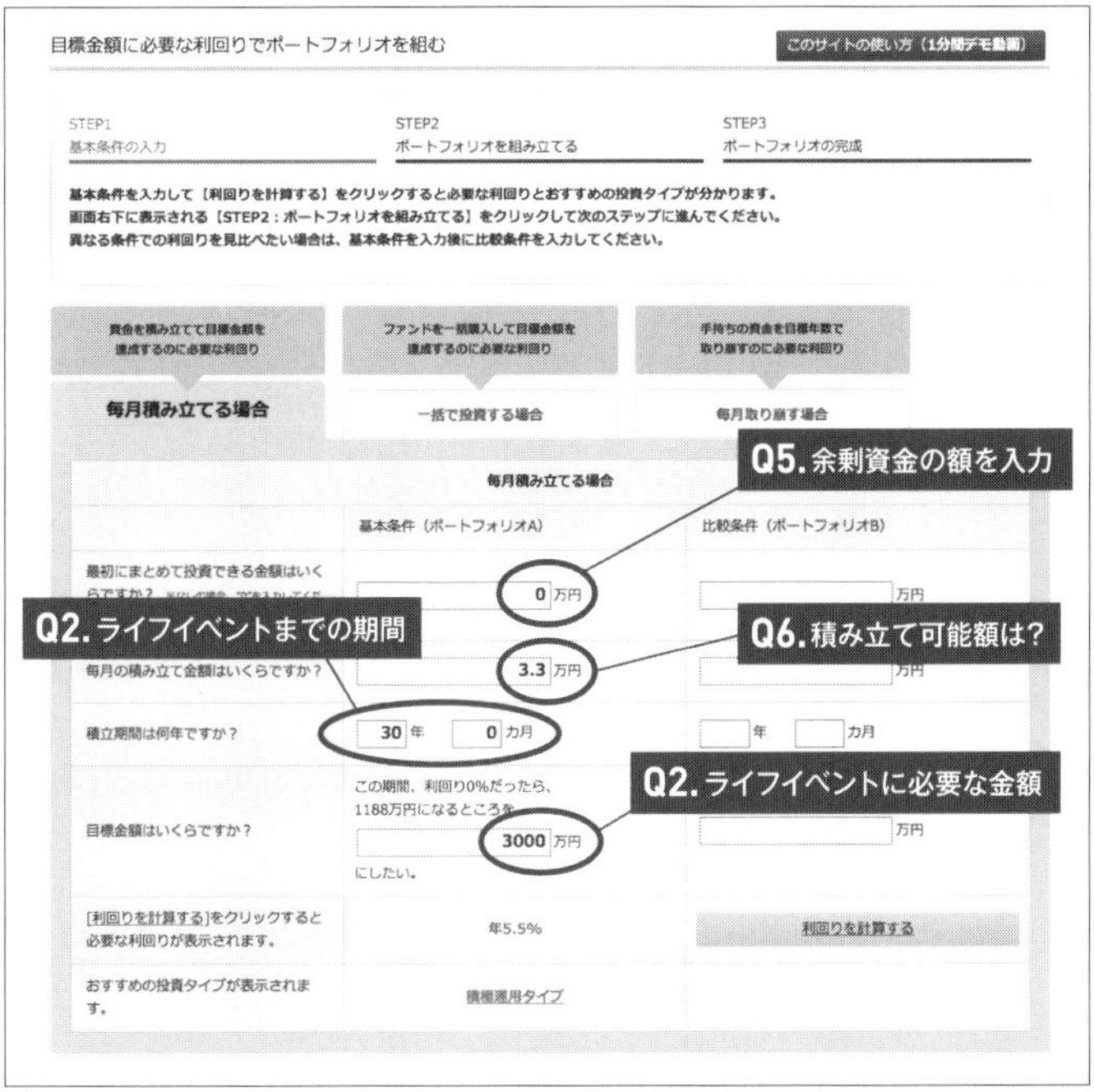


「最初にまとめて投資できる金額はいくらですか？」には、5つめの質問で答えた余剰資金の額を、「毎月の積み立て金額はいくらですか？」には、6つめの質問で答えた額を、「積立期間は何年ですか？」には、2つめの質問で答えた「ライフイベントまでの期間」を、「目標金額はいくらですか？」には、2つめの質問で答えた「ライフイベン

トに必要な金額」を入力し、「利回りを計算する」をクリックしてください。

たとえば「今は余剰資金はないけれど、これから毎月3万3000円ずつ積み立てたい。30年間運用して3000万円にしたい」という場合は、「最初にまとめて投資できる金額はいくらですか?」に「0」万円、「毎月の積み立て金額はいくらですか?」に「3.3」万円、「積立期間は何年ですか?」に「30」年「0」カ月、「目標金額はいくらですか?」に「3000」万円と入力します。

するとまず、利回り0%だといくらか(投資元本の額)が表示されます。

毎月3万3000円、30年間ですから、投資元本の総額は3万3000円×12カ月×30年=1188万円ですね。

続いて、「利回りを計算する」をクリックしましょう。すると、運用利回りが5.5%あれば目標とする3000万円を達成できることがわかります。

こうして「どれくらいの運用利回りが必要か」が分かれば、「その利回りを達成するためにはどんなポートフォリオを組めばいいか」、つまり「どんな投信をどれくらいずつ買えばいいか」を考えるステップに進むことができます。

## ▼運用利回りは6%程度までが現実的

なお、目標を達成するのに必要な運用利回りは年6%程度までが現実的です。

6%台を超える場合は、実現がかなり難しいと考えたほうがいいでしょう。そのときは、「目標額を下げる」「運用に回す資金を増やす」といった運用プランの調整を行うことも必要です。

つみたてNISAの枠を超えた金額の積み立て投資が必要な場合は、一般の証券口座も併用して投信の積み立てをしてもいいでしょう。

## 6 目標利回りを達成するためのポートフォリオは？

先の例では、目標を達成するのに必要な運用利回りは5・5％でした。

超低金利でお金を増やすのが難しい時代を長く過ごしてきた人にとって、5・5％という運用利回りは「目指すのが難しいのでは？」と感じられるかもしれません。

しかし、長期分散投資を前提とするならば、資産配分しだいでは十分に達成できる水準といえます。そして、つみたてＮＩＳＡは20年間の非課税期間が設けられている制度ですから、長期投資を前提に考えるのが制度を最大限に活かすことになるでしょう。

そこで私は、運用期間が10年、20年と長期にわたることを前提に、**5％を超える運用利回りを目指すポートフォリオとして「株式１００％（国内株式20％、先進国株式50％、新興国株式30％）」をお勧め**します（**図３－10**）。

図3-10 ■ 運用期間10～20年超の「積み立て投資」のおすすめポートフォリオ

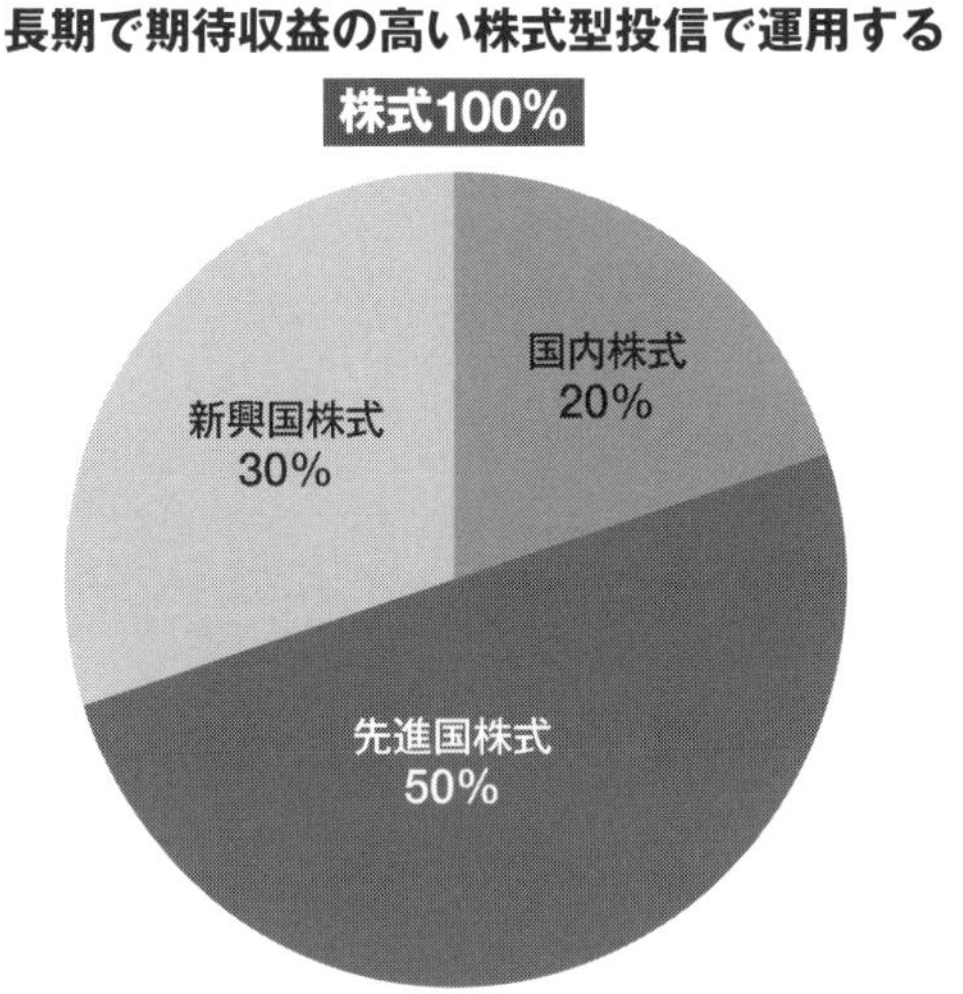


一般的には、ポートフォリオのリスクを抑えるためには、株式だけでなく債券も組み入れたほうがよいといわれます。

しかし、リスクは運用期間が長くなれば低減することも知られています。「10年、20年継続する積み立て投資」であれば、**期待収益が高い株式のみのポートフォリオで積極的に運用したほうが、目標を達成しやすい**のではないかと思います。

# 7 投資対象地域の分散の必要性と新興国の位置付け

株式100%でポートフォリオを組むにしても、投資経験のある方などは、「国内株式が20%のみで、先進国株式が50%と多く、リスクが高いといわれる新興国株式も30%組み入れているのはどうしてだろう?」と疑問に思われるかもしれません。

ここで、私がお勧めするポートフォリオの背景にある考え方を少しご説明しておきたいと思います。

国内株式の割合を少なくしているのは、端的にいえば、先にも触れたように日本経済の今後の成長があまり見込めないことが理由です。

**図3-11**をご覧ください。これは、世界の企業の時価総額(株価×発行済み株式数)ランキングです。

### 図3-11 ■ 世界の企業の時価総額ランキング

〈2005年12月末時点〉

| 順位 | 社名 | 業種 | 国 | 時価総額(兆円) |
|---|---|---|---|---|
| 1 | ゼネラル・エレクトリック(GE) | 重工業・電気機器 | 米国 | 43.7 |
| 2 | エクソン・モービル | エネルギー | 米国 | 41.3 |
| 3 | マイクロソフト | 情報技術 | 米国 | 32.9 |
| 4 | シティグループ | 金融 | 米国 | 29.0 |
| 5 | BP（ブリティッシュ・ペトロリアム） | エネルギー | 英国 | 25.9 |
| 6 | ロイヤル・ダッチシェル | エネルギー | オランダ | 24.6 |
| 7 | プロクター＆ギャンブル | 生活必需品 | 米国 | 23.5 |
| 8 | ウォルマート・ストアーズ | 小売 | 米国 | 23.0 |
| 9 | トヨタ自動車 | 自動車 | 日本 | 22.1 |
| 10 | バンク・オブ・アメリカ | 金融 | 米国 | 21.9 |

⬇

〈2017年11月時点〉

| 順位 | 社名 | 業種 | 国 | 時価総額(兆円) |
|---|---|---|---|---|
| 1 | アップル | 情報技術 | 米国 | 98.0 |
| 2 | アルファベット | 情報技術 | 米国 | 80.6 |
| 3 | マイクロソフト | 情報技術 | 米国 | 72.3 |
| 4 | アマゾン | 一般消費財・サービス | 米国 | 61.3 |
| 5 | フェイスブック | 情報技術 | 米国 | 58.6 |
| 6 | テンセント | 情報技術 | 中国 | 53.9 |
| 7 | アリババ | 情報技術 | 中国 | 52.5 |
| 8 | バークシャー・ハサウェイ | 金融 | 米国 | 50.6 |
| 9 | ジョンソン&ジョンソン | ヘルスケア | 米国 | 42.2 |
| 10 | エクソン・モービル | エネルギー | 米国 | 38.8 |

※出所：モーニングスター作成
※2005年12月末時点は1ドル=118.07円、2017年11月は2017年11月16日時点、1ドル＝112.87円で円換算

いまからおよそ10年ほど前、２００５年には、時価総額ランキング1位はゼネラル・エレクトリック（ＧＥ）でした。このほか、エクソン・モービルが2位、ブリティッシュ・ペトロリアムが5位、ロイヤル・ダッチシェルが6位になるなど、エネルギー関連企業が上位に入っていたことがわかります。また、日本のトヨタ自動車も9位にランクインしていました。

しかし２０１７年のランキングを見ると、顔ぶれはガラリと変わっています。

1位はアップルで、2位はグーグルの持ち株会社であるアルファベット、3位がマイクロソフトとなっています。このほかアマゾン、フェイスブックなど、上位を席巻しているのはＩＴ企業ばかりなのです。さらに6位、7位には、中国のＩＴ企業で急成長を遂げたテンセントとアリババがランクインしています。

10年以上前に2位に入っていたエクソン・モービルはぎりぎり10位にとどまっていますが、このほかのマイクロソフト以外の企業はガラリと顔ぶれが変わっていることがおわかりでしょう。

このデータは、過去10年で世の中の産業構造が大きく変わったことを示しています。

そしてこのような世界の経済環境の変化の中、唯一、変化が起きていないのが日本なのです。

こうした世界の時価総額ランキングに日本企業が登場していないこと、そして国内の時価総額ランキングではトヨタ自動車のような大手メーカーや三菱UFJフィナンシャルグループのような金融グループが中心であり、「歴史ある大手企業」が数多く名前を連ねていることが、新たな産業を生み出せていないことの証左といえるでしょう。

## ▼巨大な未公開企業には、米国企業と中国企業が並んでいる

もう1つ、世界で急速な成長を遂げている未公開企業の企業価値ランキング(**図3-12**)も見てみましょう。

先にシェアリングエコノミーに関連してご紹介したウーバーやエアビーアンドビーのほか、中国のライドシェアサービス大手の滴滴出行(ディディチューシン)、中国のスマートフォンメーカー小米科技(シャオミ)、ペイパル創業者イーロン・マスク氏が率いるロケット・宇宙船開発会社のスペースXなどが上位に並んでいます。

1位のウーバーの企業価値は約680億ドル、つまりおよそ7兆円です。トヨタ自動車の時価総額がだいたい20兆円ときけば、その規模をイメージいただけるのではないか

### 図3-12 ■ 世界の巨大な未公開企業の企業価値ランキング

| | 会社名 | 国 | 企業価値（10億ドル） |
|---|---|---|---|
| 1 | Uber | 米国 | 68.00 |
| 2 | Didi Chuxing | 中国 | 50.00 |
| 3 | Xiaomi | 中国 | 46.00 |
| 4 | Airbnb | 米国 | 31.00 |
| 5 | SpaceX | 米国 | 21.00 |
| 6 | WeWork | 米国 | 20.20 |
| 7 | Palantir | 米国 | 20.00 |
| 8 | Lufax | 中国 | 18.50 |
| 9 | Meituan-Dianping | 中国 | 18.30 |
| 10 | Pinterest | 米国 | 12.30 |

※出所：「The Wall Street Journal」よりモーニングスター作成
※データは2017年10月基準

と思います。

こうした未公開企業もいずれは上場しさらに成長を遂げていく可能性があるでしょう。そして、その顔ぶれを見ると米国企業と中国企業がずらりと並んでいる状況なのです。

先進国や新興国から台頭している企業を見るにつけ、世界の産業構造の変化から取り残されている日本に対して、ここから大きな成長を期待するのは難しいように思います。

残念ですが、「今後の成長が期待できる地域に投資し、その成長の果実を得る」という観点では、日本への投資の割合は控えめにせざるを得ないと思います。

## ▼新興国の成長ポテンシャルに投資しない手はない

では海外株式の組み入れ比率をあげるとして、先進国と新興国の割合についてはどう考えるべきなのでしょうか。

**図3－13**は、世界各国のGDPの構成比を示したものです。

２０１６年には、米国がトップで中国は2位、日本は3位となっています。かつては日本が2位でしたから、中国の伸びが目を引くでしょう。

一方、ＩＭＦが予測する２０３０年の世界各国のＧＤＰ構成比では、中国が米国を抜き去るとされています。米国は2位で、3位にはインド。日本は4位にまで後退するとみられているわけです。

また、英国、ドイツ、フランス、イタリアなどの欧州各国はロシアの後塵を拝することになると予想されています。

以前から、今後の経済成長が著しい新興国は総称してＢＲＩＣｓ（ブラジル、ロシア、

## 図3-13 ■ 世界各国のGDPの構成比

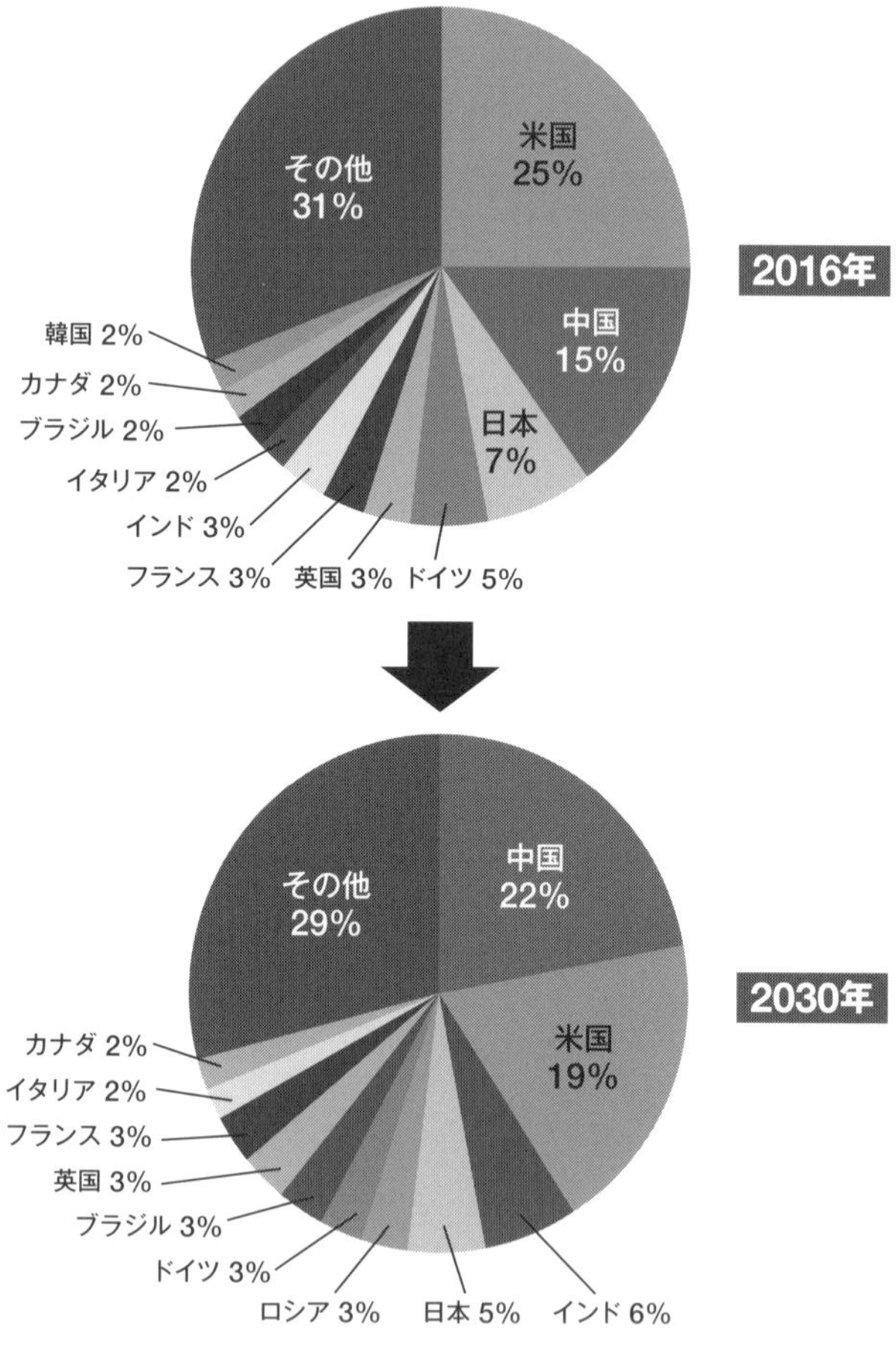


※GDP（国内総生産）シェアは各国の名目GDP（ドルベース）に基づく
出所：IMF World Economic Outlook October 2017、Goldman Sachs Global ECS Researchよりモーニングスター作成

インド、中国）と呼ばれていましたが、実際、これらの国々が先進国を抜き去る日はそう遠くなさそうなのです。

特につみたてＮＩＳＡにおいては、再三申し上げているように、長期運用が前提と考えられます。

新興国への投資はリスクが大きいことは間違いありませんが、10年、20年、30年後に向けて資産を育てていくのですから、長い目で見て成長余力がより大きな地域への投資こそ、資産を守り育てることにつながるはずです。新興国の成長のポテンシャルの高さを考えれば、投資先としてこれをしっかり取り込まない手はないと思います。

## ▼リターンが最も高い資産は年によって大きく入れ替わる

このように新興国市場の成長への期待をご説明すると、「新興国がそれほど有望なら、新興国株式だけで運用してはどうか」と考える方もいるかもしれません。

しかし、そのような偏った運用はお勧めできません。再三ご説明しているように、投資においては「分散」が重要なのです。投資対象地域についても、特定の地域のみに偏らせることなく世界中に投資していくことが、安定的な運用につながります。

そのことが深く納得できるデータをお見せしましょう。**図3－14**をご覧ください。

これは、「国内株式」「先進国株式」「新興国株式」という3つの資産について、2007年以降、毎年のリターンを「その年にリターンが高かった順番」に並べたものです。

この図を見てまず気づくのは、リターンが最も高い資産は年によって大きく入れ替わっているということです。

たとえば2007年に最もリターンが高かったのは新興国株式で、34・00%でした。しかし翌年には新興国株式のリターンはマイナス62・67%だったのです。

そして2009年、新興国株式はまたトップの座に返り咲き、81・13%のリターンとなっています。

全般的な傾向を見ると、過去10年は新興国の株式のリターンが高い年が多かったといえます。

ただ一方で、2013年のデータを見ると、先進国株式が55・04%のリターンを上げる中、新興国株式は18・97%でした。そして2015年にはアベノミクスの恩恵もあって国内株式が12・06%とリターンが最も高く、先進国株式と新興国株式のリターンはマイナスだったのです。

## 図3-14 ■ 国・地域の分散を図る

### 株式の資産別の年次リターン（2007年〜2016年）

| | | | |
|---|---|---|---|
| 2007年 | 新興国株式 34.00% | 先進国株式 6.62% | 国内株式 -11.11% |
| 2008年 | 国内株式 -40.62% | 先進国株式 -53.39% | 新興国株式 -62.67% |
| 2009年 | 新興国株式 81.13% | 先進国株式 35.62% | 国内株式 7.62% |
| 2010年 | 新興国株式 5.46% | 国内株式 0.96% | 先進国株式 -0.91% |
| 2011年 | 先進国株式 -8.40% | 国内株式 -17.00% | 新興国株式 -21.94% |
| 2012年 | 新興国株式 32.12% | 先進国株式 30.70% | 国内株式 20.86% |
| 2013年 | 先進国株式 55.04% | 国内株式 54.41% | 新興国株式 18.97% |
| 2014年 | 先進国株式 21.69% | 新興国株式 12.31% | 国内株式 10.27% |
| 2015年 | 国内株式 12.06% | 先進国株式 -1.17% | 新興国株式 -14.56% |
| 2016年 | 新興国株式 7.79% | 先進国株式 4.98% | 国内株式 0.31% |

※1 出所：モーニングスター作成
※2 各年末時点の値をもとに算出
※3 国内株式＝TOPIX（東証株価指数、配当込み）、先進国株式＝MSCIコクサイ指数（税引前配当込み）、
新興国株式＝MSCIエマージング指数（税引前配当込み）
※4 海外資産はいずれも米ドルベースの各年末値に三菱東京UFJ銀行の対顧客為替レート（TTM）をかけて算出

## ▼幅広く世界の株式に投資する「分散投資」が最も有効

もう1つ、**図3-15**のデータをご紹介しましょう。これは2016年12月末と2017年10月末で現地通貨ベースの株価指数を比較し、株価の上昇率が高い順に並べたグラフです。

2017年を振り返ると、「日本もアメリカも株価が大きく上昇した」という印象を持っている方が多いと思います。確かに日米の株価は上昇しましたが、さらに上昇率が高い国を見ると、トルコ、香港、インド、韓国、ブラジルといったように新興国がずらりと名前を連ねているのです。

2017年、市場では「今後は米国が利上げをすれば新興国から資金が流出する」とまことしやかにいわれていました。ドナルド・トランプ大統領が誕生した際も、「新興国は厳しい立場に置かれ、米国への資金の流れが加速する」といわれたのです。

ところが、蓋を開けてみれば、株価がより大きく上昇したのは新興国でした。

こうしたデータを見れば、エコノミストなどと呼ばれる「専門家」の見方が、いかに当てにならないかがよくお分かりいただけるのではないかと思います。

プロと呼ばれる人でも、相場の先行きを正しく読むことは不可能なのです。

## 図3-15 ■ 年初来の主要各国の株価推移

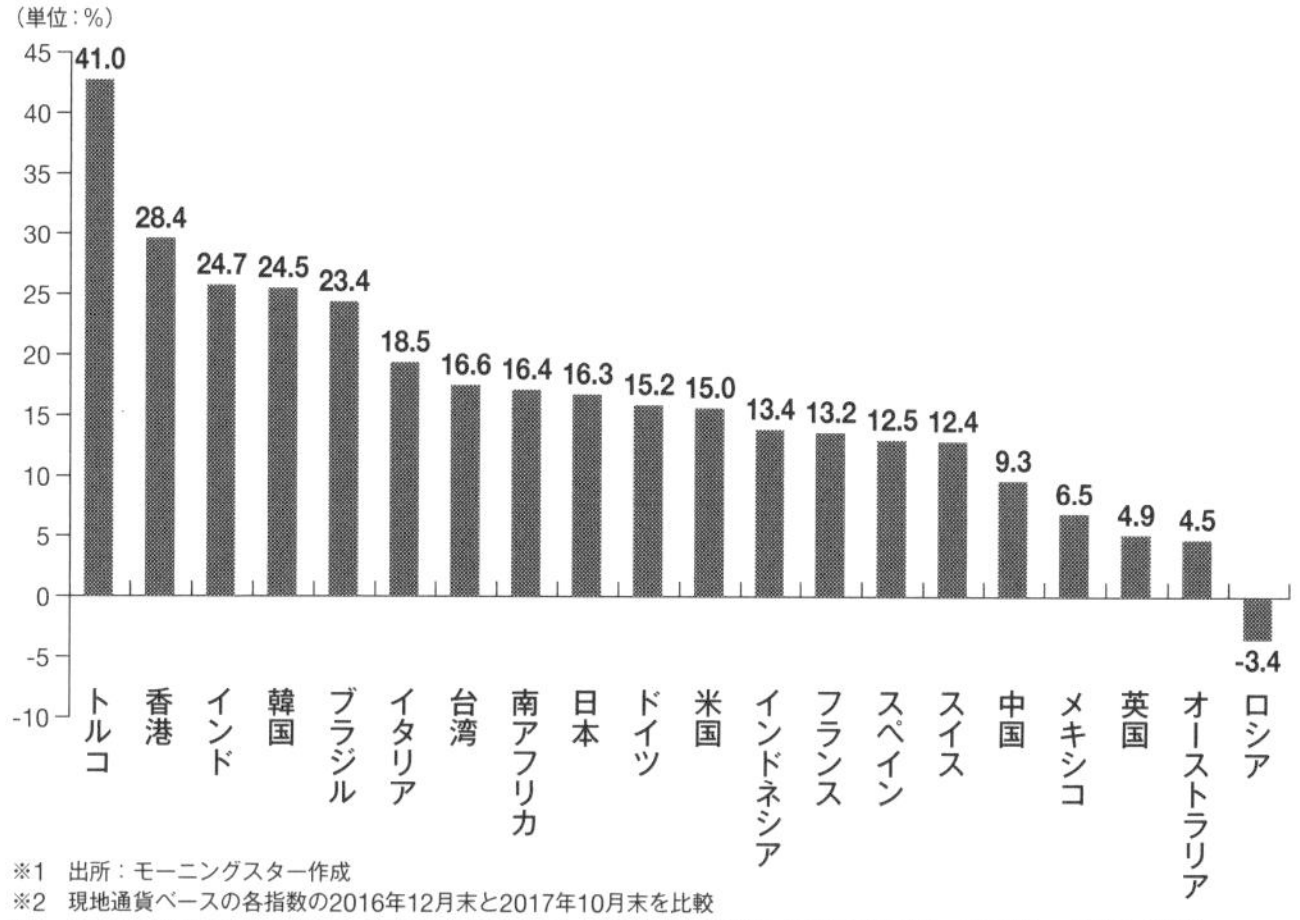


※1　出所：モーニングスター作成
※2　現地通貨ベースの各指数の2016年12月末と2017年10月末を比較
※3　トルコ＝ISEナショナル100、香港＝ハンセン指数、インド＝SENSEX、韓国＝韓国総合、ブラジル＝ボベスパ指数、イタリア＝FTSE MIB、台湾＝台湾加権指数、南アフリカ＝FTSE/JSE全株、日本＝TOPIX、ドイツ＝DAX、米国＝S&P500、インドネシア＝ジャカルタ総合、フランス＝CAC40、スペイン＝IBEX35、スイス＝SMI、中国＝上海総合、メキシコ＝ボルサ指数、英国＝FTSE100、豪州＝オールオーディナリーズ、ロシア＝RTS

ですから、「高いリターンが得られる資産だけを狙って投資をする」のは無謀と言っていいでしょう。

そして、「次に何が上昇するかわからない」という前提に立つなら、どの地域の株価が上昇してもいいように、幅広く世界の株式に投資する「分散投資」が最も有効な手立てとなります。

目先の株価が下がるものも、上がるものも、とにかく全部買っておくことが、トータルで「世界経済の成長」の果実を手にすることにつながるのです。

# 第4章

# 最強の資産形成法は「投信の積み立て」だと言えるワケ

# 1 「投資に必要な条件」の誤解とは

みなさんの中には、これまで投資をしたことがなく、つみたてＮＩＳＡで初めて投資にチャレンジしようかと考えている方が多くいらっしゃると思います。

投資というのは、最初の一歩を踏み出すのに少々、勇気がいるもののようです。

しかし実のところ、「投資に必要な条件」に関する誤解があり、そのためになかなか踏ん切りがつかずにいるケースも多いように思います。

**図4-1**は、投資信託協会が実施したアンケートの結果から「投資をしない理由」についてまとめたものです。

「そもそも興味がない」という人はさておき、多く寄せられているのは「投資の知識がない」という回答です。

「投資をするなら勉強や情報収集が必要だけれど、仕事などで忙しくてそんな時間はな

図4-1 ■ 投資をしない理由

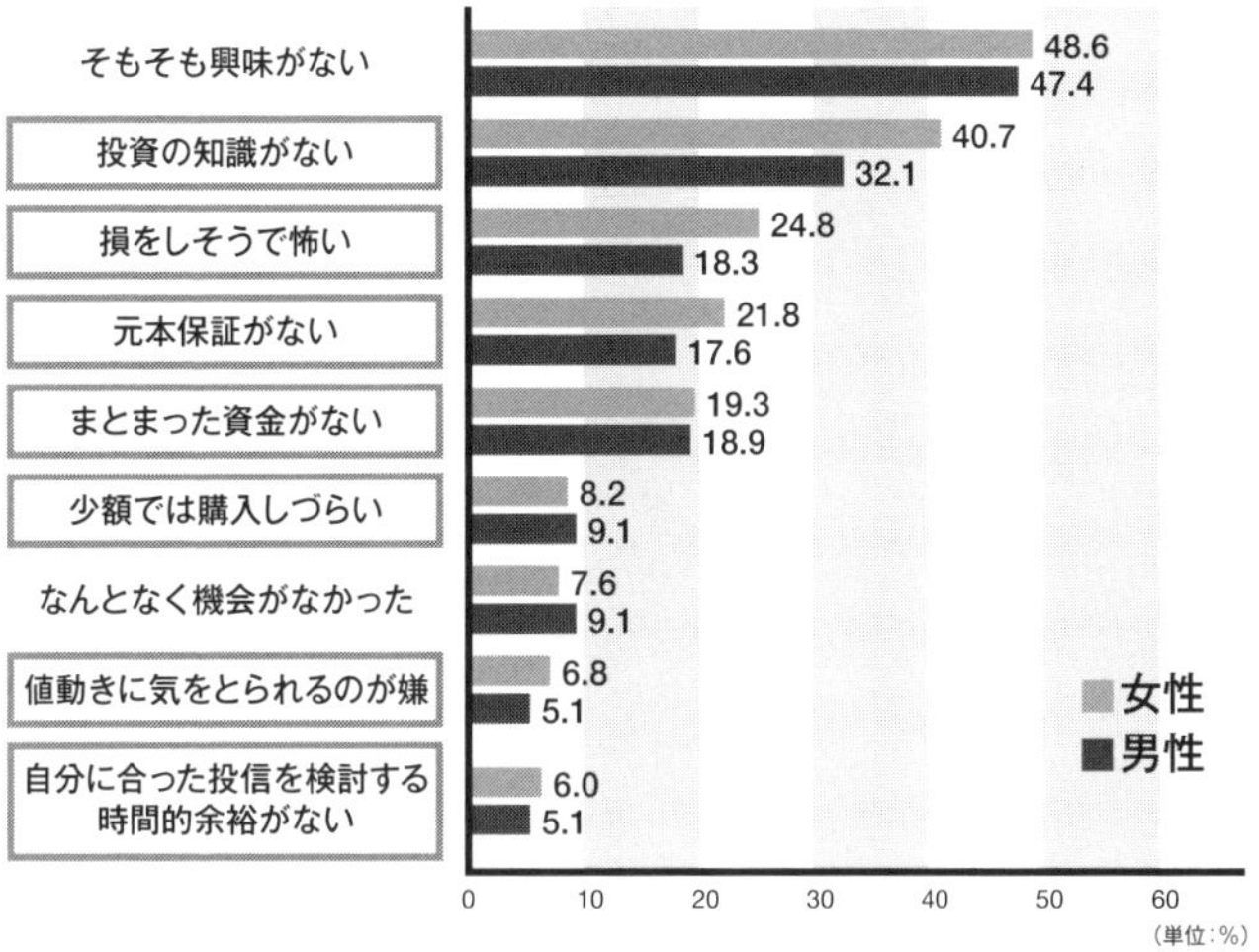


※ 出所：投資信託協会 投資信託に関するアンケート調査よりモーニングスター作成

かなか取れない」

こんな方が多いのかもしれません。

「値動きに気を取られるのが嫌」「自分に合った投信を検討する時間的余裕がない」という回答もあり、「時間がないし、知識もない」というケースは多そうです。

ついで多く寄せられているのは、「損をしそうで怖い」「元本保証がない」という回答です。投信には元本保証がなく、運用実績がマイナスになるケースもあることは確かですし、「投信の積み立て」という投資方法はこれまであまり広がってこなかったので、こういった不安を感じる人が多いのは無理もないでしょう。

「まとまった資金がない」「少額では購入しづらい」という声も多く寄せられています。先に少し触れたように、最近は投信が100円からでも買えるようになっていますが、このこともあまり知られていないのでしょう。

また、「資金がたくさんないとうまく運用できない」と思っている人も多いようです。

「投資をしない理由」は、ほとんどが誤解に基づいたものといえます（**図4-2**）。

たとえば、よくある誤解の1つに「投資で成功するためには、情報が多く入るのが望ましい」というものがあります。インターネットで検索すれば嫌というほど情報があふれかえっている時代ですから、それらをたくさん集めて仔細に検討すればするほど成功確率が高まるのではないかと感じるのかもしれません。

しかし、人間は情報過多な状態におちいるとなかなか決断できなくなるものでもあります。正しい決断を下すために、情報量が多いほどいいとはいえません。

特に、日々の売買で他人を出し抜こうとするような「投機」ではなく、「長期的な資産形成を目指すための投資」をするのであれば、本当に必要な情報だけを最初に押さえ

図4-2 ■ 投資に必要な条件の誤解

(1) 情報が多く入るのが望ましい
➡ 情報過多

(2) 考える時間がたくさんあった方がいい
➡ 売買過剰

(3) 資金が豊富にあるとうまくいく
➡ 自信過剰

れば十分なのです。**投信の積み立て投資では、原則として日々の情報収集はまったく必要ありません。**

よくある誤解の2つめは、「考える時間がたくさんあったほうがいい」というものです。しかし時間に余裕があり、「何を買えばいいか」「いつ売買するのがいいか」と時間をかけて考えると、売買が過剰になる傾向があることも知っておきたいところ。

長期投資は「バイ・アンド・ホールド」、つまり投資をしたらそれを保有し続けるのが成功の秘訣ともいわれます。考え過ぎで売買過剰になると、少し値上がりしたところで「利益を確定させよう」と考えて売却してしまい、その後のさらなる値上がりの恩恵を受けられないといったことになりがちです。また、売買すればするほど手数料がかさみ、収益の足を引っ張ってしまうこともあります。

よくある誤解の3つめは、「資金が豊富にあるとうまくいく」というものです。

しかし大きな資金を動かして運用するようになると、「この株がきっと上がるに違いない」などと思ったとき、集中してまとまった資金を投じたくなるケースが少なくありません。「これだけの資金を運用している」という自負が、自信過剰につながってしまうのです。これまで投資をしてこなかった方は、

「投資で成功しているのは、情報をたくさん持っていて、投資にたくさん時間を割いていて、資金もたくさん持っている人だろう」

と思い込んでいなかったでしょうか？

これらの条件は、投資の成功のためにはどれも必要ありません。

情報を集めなくても、時間をかけなくても、まとまったお金がなくても、うまくいく投資法があるのです。

# 2 投資が怖くなる「積み立て投資」の仕組み

**情報、時間、資金がなくてもできる投資法――それが「定額で積み立てる」という方法**です。

本書でもすでに積み立て投資について少し触れていますし、みなさんの中でも「積み立てがいいという話なら、聞いたことがある」という方はたくさんいらっしゃるでしょう。

しかし、定額積み立て投資については「なんとなく」ではなく、しっかり中身を理解しておくことが重要です。

それは、積み立て投資の効果を正しく理解することが投資に対する「怖いもの、危ないもの」という誤解を解くことにつながり、相場が乱高下するような場面でも心穏やかに投資を継続できるようになるからです。

## ▼積み立て投資のメリットとは

それでは、積み立て投資のメリットを見て行きましょう。

投資をするということは、値動きのある金融商品を買うわけですが、時間の経過とともに価格が変動するものを「定期的に一定額ずつ」買うと、どんな効果があるのでしょうか。**図4-3**をご覧ください。

たとえば、ある投信を毎月1万円ずつ積み立て投資するとして、基準価額が1万円、5000円、1万2500円、8000円、1万6000円と変動したケースを考えてみましょう。

最初の月は基準価額が1万円なので、買える口数は1口です。次の月は、基準価額が5000円に下がったので1万円で2口買うことができました。

続いて3カ月目は基準価額が1万2500円に上ったので、1万円で買えた口数は0.8口。4カ月目は、基準価額が8000円に下がったので、1万円で1.25口。5カ月目には、基準価額が1万6000円に大きく上昇したので、1万円で買えたのは0.625口となりました。

この場合、投資額は5万円で、変えた口数は5.675口となります。1口あたりの

## 図4-3 ■ 情報、時間、資金がなくても投資が出来る積み立て投資

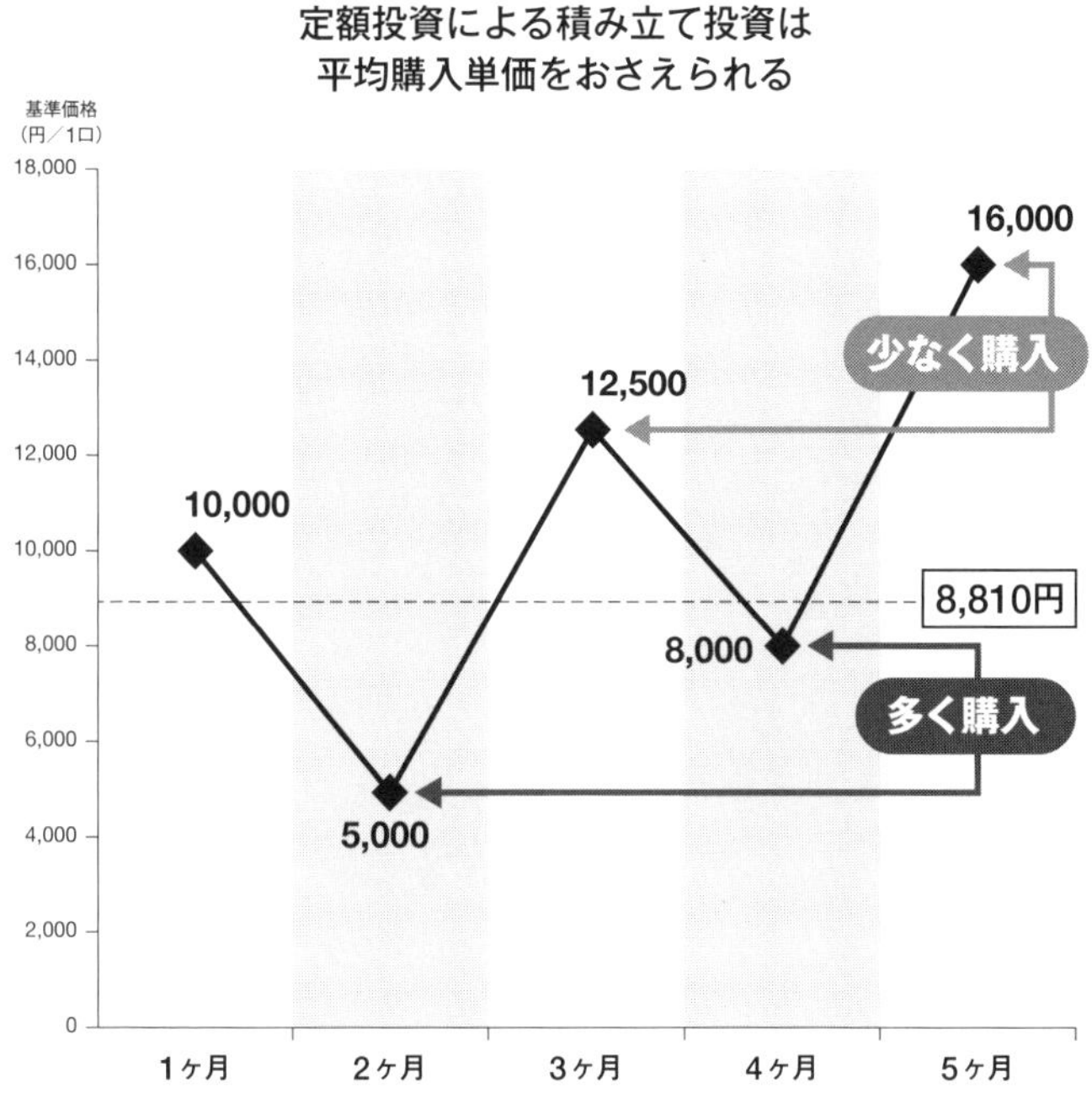


| 1口あたりの基準価格 | | 10,000円 | 5,000円 | 12,500円 | 8,000円 | 16,000円 | 合計 | 1口あたりの平均投資額 |
|---|---|---|---|---|---|---|---|---|
| 毎月1万円ずつ購入した場合 | 投資金額 | 10,000円 | 10,000円 | 10,000円 | 10,000円 | 10,000円 | 50,000円 | 8,810円 |
| | 投資口数 | 1口 | 2口 | 0.8口 | 1.25口 | 0.625口 | 5.675口 | |

平均投資額は、「5万円÷5・675口＝8810円」です。

一方、もし「毎月1口ずつ」を買い続けた場合は、「1万円＋5000円＋1万2500円＋8500円＋1万6000円＝5万1500円」を投資することになり、買える口数は5口。1口あたりの平均投資額は「5万1500円÷5口＝1万300円」になります。

## ▼投信を効率よく買うには、「機械的に一定額ずつ買う」のが最も合理的

こうして具体例を見るとわかるように、「一定額ずつ」買う方法では、1口あたりの基準価額が安いときには口数を多く買い、高いときには少なく買うことにより、効率的に「口数」を増やすことができるのです。

この例を見ると、「価格が5000円のときに5万円分を買うことができれば一番いいのでは?」と思うかもしれません。

しかし値動きのある運用商品を買う場合、いつが「お買い得」なのかを見極めるのは

非常に難しいものです。「今こそ安値だ、たくさん買っておこう」と思っても、そこからさらに値下がりすることも十分に考えられます。

そして、そのような〝賭け〟をしようとすれば、「今は買うべきか、買うべきではないのか」などとつねに頭を悩ませることになるでしょう。

**投信を効率よく買うには、「機械的に一定額ずつ買う」のが最も合理的な方法**です。

## 3 積み立て投資は買い付け単価を抑え、「量」を増やす方法

投資で利益を出すには「安く買って高く売る」ことが必要です。このため、多くの人は「投資の成果は買ったものの価格が上がるか下がるかで決まる」と考えます。

しかし、投資の成績を決めるのは、実は価格だけではありません。カギを握るのは、「量」なのです。

**図4-4**をご覧ください。

たとえば、投信の基準価額が1万円のときに100万円を一括投資したとしましょう。この場合、買えた口数は100口で、あとは売却時に基準価額が1万円を超えるかどうか、「価格」だけが投資の成績を左右することになります。

一方、同じ100万円を投資するのでも、定期的に1万円ずつ100回に分けて積み立て投資をした場合はどうでしょうか？　積み立て投資なら効率的に量（口数）を増や

図4-4 ■ 投資の成績は量も重要

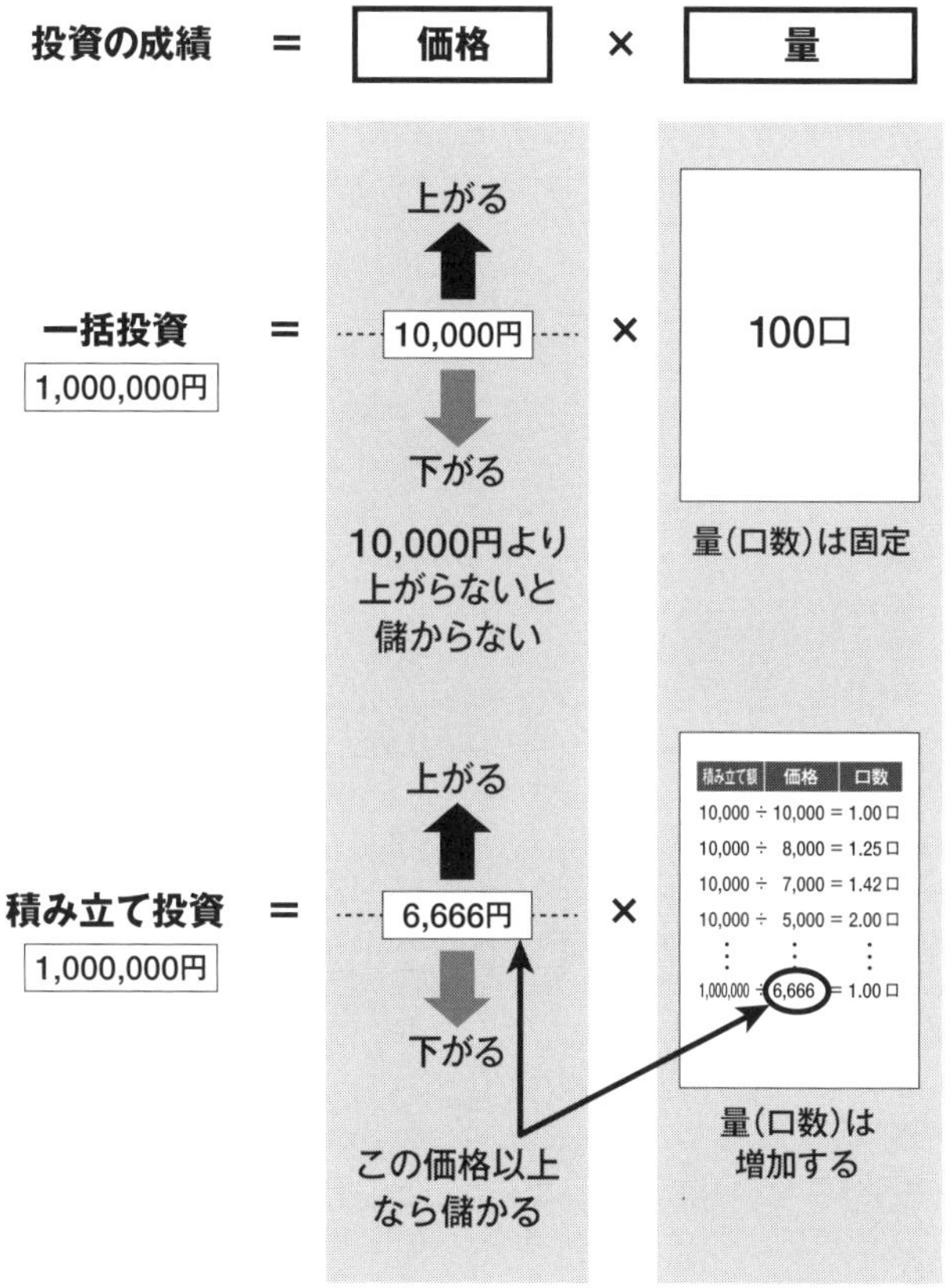

すことができます。１万円のときは１口、８０００円の時は１・２５口、７０００円のときは１・４２口、５０００円のときは２口……というように１００回にわけて積み立てていって１５０口買えていたら、１口あたりの平均買い付け価格は６６６６円となります。「量」をうまく増やしたことにより、「価格」が６６６６円以上なら利益が出る状態になるのです。

## ▼積み立て投資は「値下がりするとたくさんの口数が買える」うれしい投資法

続いて、**図４-５**をご覧ください。これは、投信の当初の価格が１万円で、その後７年間下落し続けて２０００円にまで落ち込んだ後、価格が回復して12年目に７０００円まで戻ったケースです。

この場合、運用開始時に一括投資をしていたら、12年後の運用結果はマイナス30％と散々なものになってしまいます。このような状況になったら、「こんな投信を買うんじゃなかった」と後悔するのは間違いありません。

一方、毎月一定額を積み立て投資し、平均買い付け価格が６６６６円だったとしたら、価格が７０００円まで戻れば運用成績はプラスになります。

### 図4-5 ■ 価格が大幅に下がっても儲かる積み立て投資

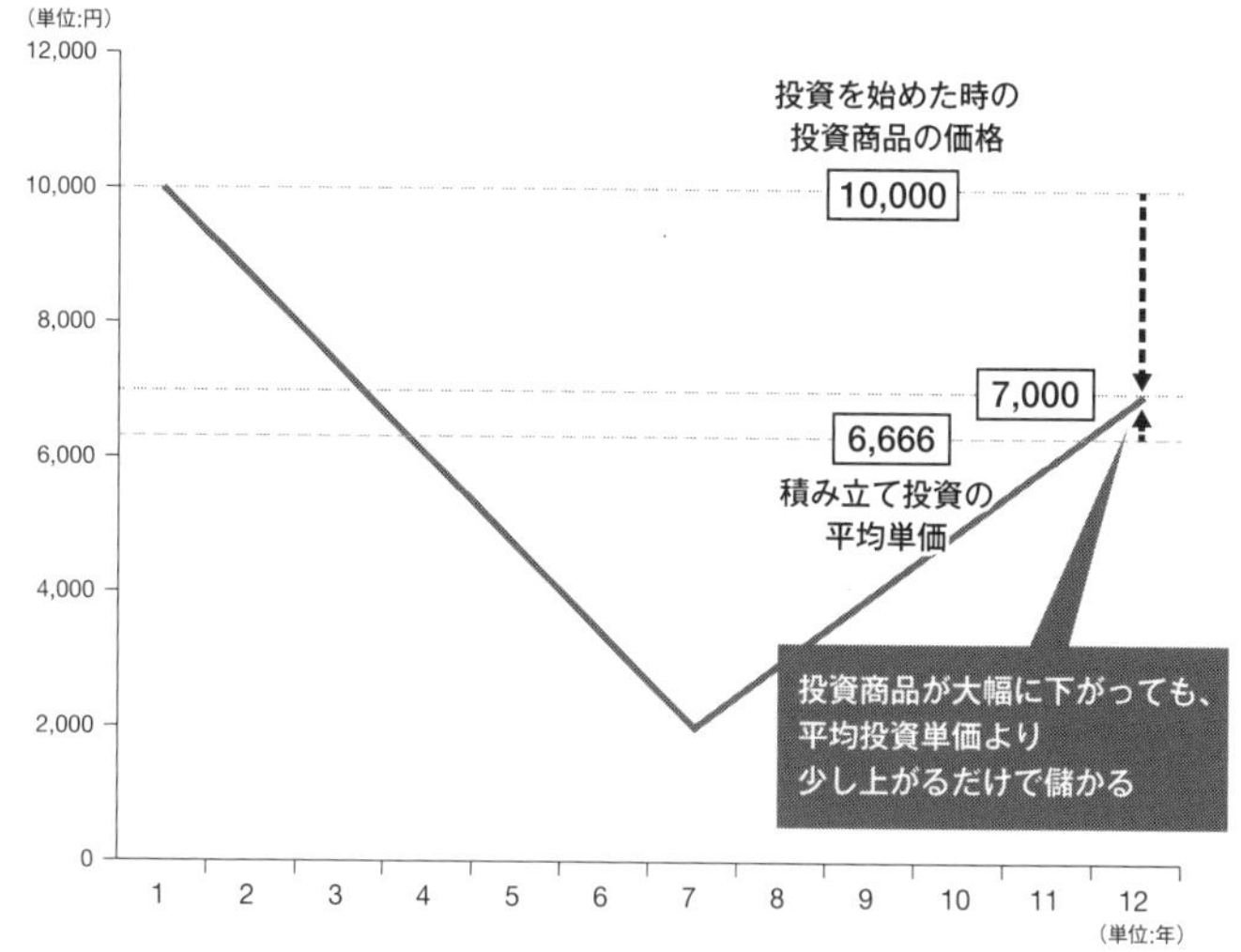


この例からわかるように、値下がりするほど「量」を多く買う積み立て投資であれば、投信の運用状況がいまひとつであっても少し価格が戻るだけで運用の結果がプラスになることが多いのです。

こうして見ると、**積み立て投資は「値下がりするとたくさんの口数が買える」うれしい投資法**と言うこともできます。

相場が暴落するような局面がくれば、普通は青ざめる投資家が多いでしょう。

しかし積み立て投資をしている人なら、「大きく値下がりすればたくさん買っておけるから、少し価格が戻るだけで利益が出る」とホクホクできるわけです。

なお、「効率よく量を増やせること」は積み立て投資の大きなメリットですが、同時に「心穏やかに投資を継続できる」ことも見逃せないメリットといえます。

一括投資をすれば、「いくらで買ったか」「今の基準価額はいくらか」が気になってしまうものです。1万円で一括投資した投信の基準価額が7000円に値下がりしたら、「3割も損をしている」と気が気ではなくなってしまうでしょう。そして大抵の人は、基準価額が1万円に戻ったところで「もう勘弁してほしい」と売却します。たとえ、そこからさらに基準価額が上昇しそうであっても、です。

また、1万円で一括投資した投信の基準価額が1万2000円に上昇したら、「今売れば2割儲かる！」と思って早々に売却する人も多いもの。その後に1万5000円、2万円と値上がりするかもしれなくても、「せっかく利益が出せるなら、早く確定させたい」と思うのが人間の心理だからです。

## ▼「価格が気にならない」ことは、長期投資を継続するために重要

ここで思い出していただきたいのが、**資産形成のためには経済の長期的な成長に期待して投資をするのが王道**だということです。

値下がりに怯えて価格が戻ったところで投資を止めてしまう、あるいは少し値上がりしたところで「儲けを確定させよう」と考えて投資を止めてしまうというのは、長期投資では避けるべき行動だと言ってもいいでしょう。

この点、積み立て投資なら「いくらで買ったのか」はあまり気になりません。

もちろん、いつでも「平均買い付け価格がいくらか」を知ることはできますが、これは積み立てを継続する間ずっと変動していくものですから、一括投資に比べれば「気になりにくい」のは間違いありません。

この「価格が気にならない」ことは、長期的に投資を継続するために重要なポイントといえます。「損している」「少し儲かっている」などと日々一喜一憂することなく、心穏やかにいられることも積み立て投資の魅力なのです。

# 4 一括投資と積み立て投資の実績比較でわかる、積み立ての優位性

積み立て投資については、「積み立ては絶対ではない」ということも言われます。

「これから右肩上がりに値上がりしていくなら、一括投資したほうがいい」

「ずっと右肩下がりに値下がりし続けるケースでは、積み立てでも損をする」

これらはいずれも、理屈の上では正しい指摘です。

値上がりし続けることがわかっているなら、安いときにまとめて買ったほうがいいのは当たり前のことですし、ずっと値下がりし続けるものに投資をすれば、買い方を問わず損失が出るのも当然だからです。

しかし、長期で投信を積み立てる場合、一方向だけに価格が動くことはありません。基準価額というのは、上がったり下がったりするものであり、特に価格の上下が大きい株式に投資する投信の場合、積み立て投資が非常に優れた買い方であることは間違いあ

りません。

これは、実際に存在する投信について、「一括投資」と「積み立て投資」の運用実績を過去にさかのぼって比較してみるとよくわかります。

**図4－6**をご覧ください。これは、「ニッセイTOPIXオープン」（ニッセイアセットマネジメント）という投信に、「①2007年10月に120万円を一括投資した場合」と「②2007年10月から毎月1万円ずつ積み立て投資し、10年間継続した場合（投資元本120万円）」を比較したグラフです。

なお、この投信はその名前のとおり、TOPIX（東証株価指数）に連動するように運用されているもので、日本の株式全体に分散して投資するファンドです。

グラフの見方を少しご説明すると、棒グラフは積み立てた元本の累計を示しています。折れ線グラフが①と②のケースの投資資産額の推移です。

①の一括投資のケースでは、2009年2月に57万1000円にまで下がっています。リーマン・ショックで株価が大きく下落した影響をもろに受けて基準価額が投資したと

きから半値以下になり、マイナス62万９０００円もの損失を抱えていることがわかりますね。

一方、同時期の②の積み立て投資のケースでは、積み立てた投資元本は17万円で、資産額は10万９０００円です。つまり、この時点ではマイナス６万１０００円ということになります。株価下落の影響は受けていますが、一括投資に比べれば軽微です。

その後、株価はしばらく低迷が続きました。投資をスタートしてから３年後、アベノミクス前の２０１２年10月時点では、①のケースではマイナス60万２０００円となっています。一方、②のケースでは積み立てた投資元本は61万円、資産額は52万円。つまり、マイナス９万円です。

注目したいのは、この後です。日本の株式市場はアベノミクスにより株価が回復し、２０１３年になってやっとリーマン・ショック前の水準に戻りました。

しかし２０１４年４月時点では、①のケースの運用実績はまだマイナス24万１０００円です。

一方②のケースでは、積み立てた投資元本79万円のところ、資産額は１０３万３０００円で、24・３万円のプラスになっています。

## 図4-6 ■ 一括投資vs積み立て投資の比較（1）

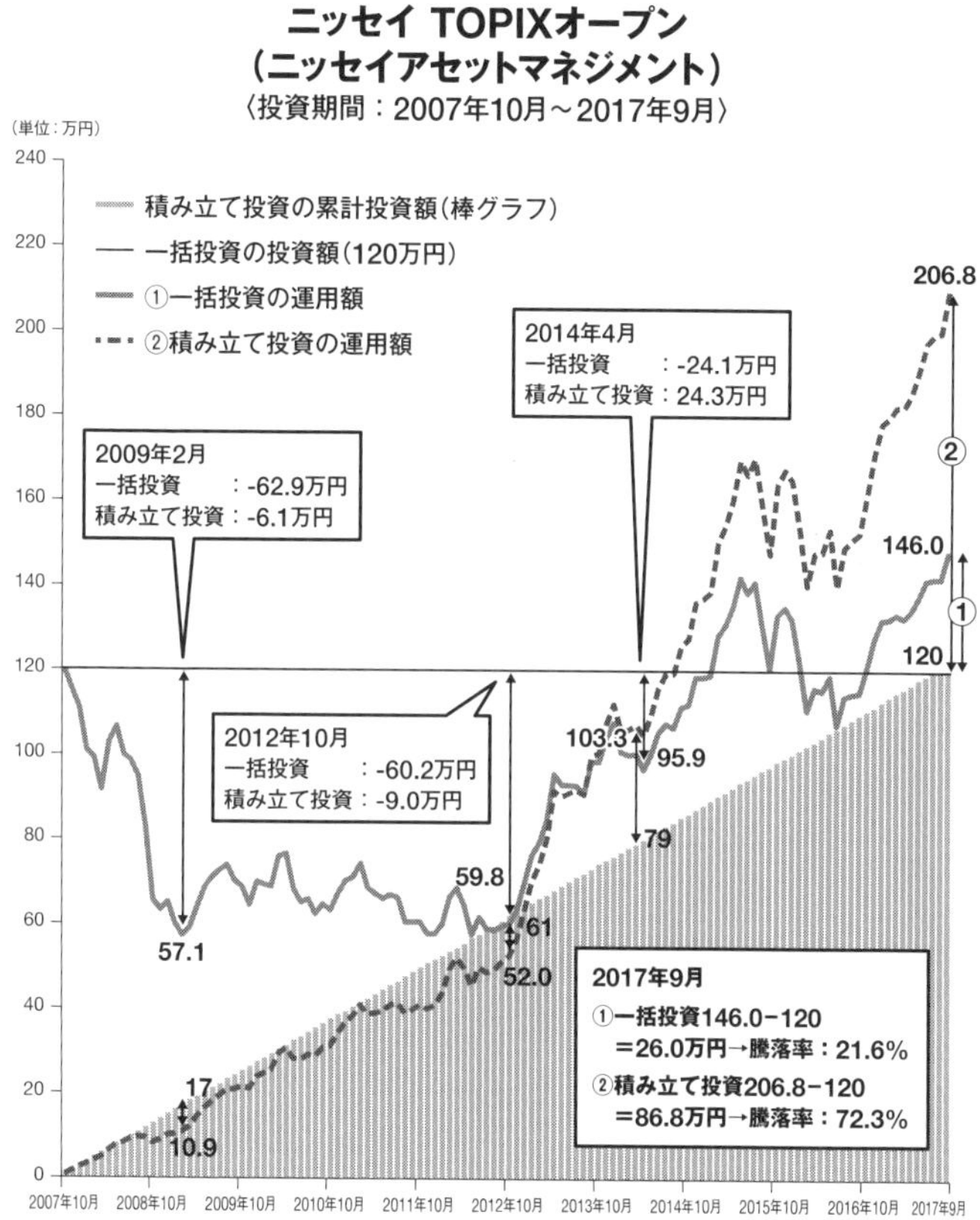


※2017年9月29日時点
出所：モーニングスター作成

そして投資を始めて10年後の2017年9月、①の一括投資のケースは、株価上昇により資産額が146万円にまで上昇し、プラス26万円になりました。

一方、②の積み立て投資のケースでは、なんと資産額は206万8000円にまで増えたのです。

## ▼積み立て投資は基準価額の変動をあまり気にしなくていい投資法

この2つの投資法の違いについて、もう少し詳しく見てみましょう。

**図4-7**は、「ニッセイTOPIXオープン」の2007年10月～2017年9月の基準価額の推移と、「ニッセイTOPIXオープン」を同じ期間積み立てた場合の運用額の推移を並べたものです。

投資信託の基準価額の推移を見ると、この投信は最初に大きく値下がりし、しばらく低迷した後にアベノミクスで大きく基準価額が上昇したことがわかります。

一方、積み立て投資の運用額は全体的には右肩上がりに伸びていますね。

ここで、みなさん自身がこの2つの投資法で運用した場合を想像してみてください。一括投資の場合、最初の大きな値下がりは非常にショックが大きいでしょう。しかも

図4-7 ■ 積み立て投資は、投資信託の価格と投資成績の動きが異なる

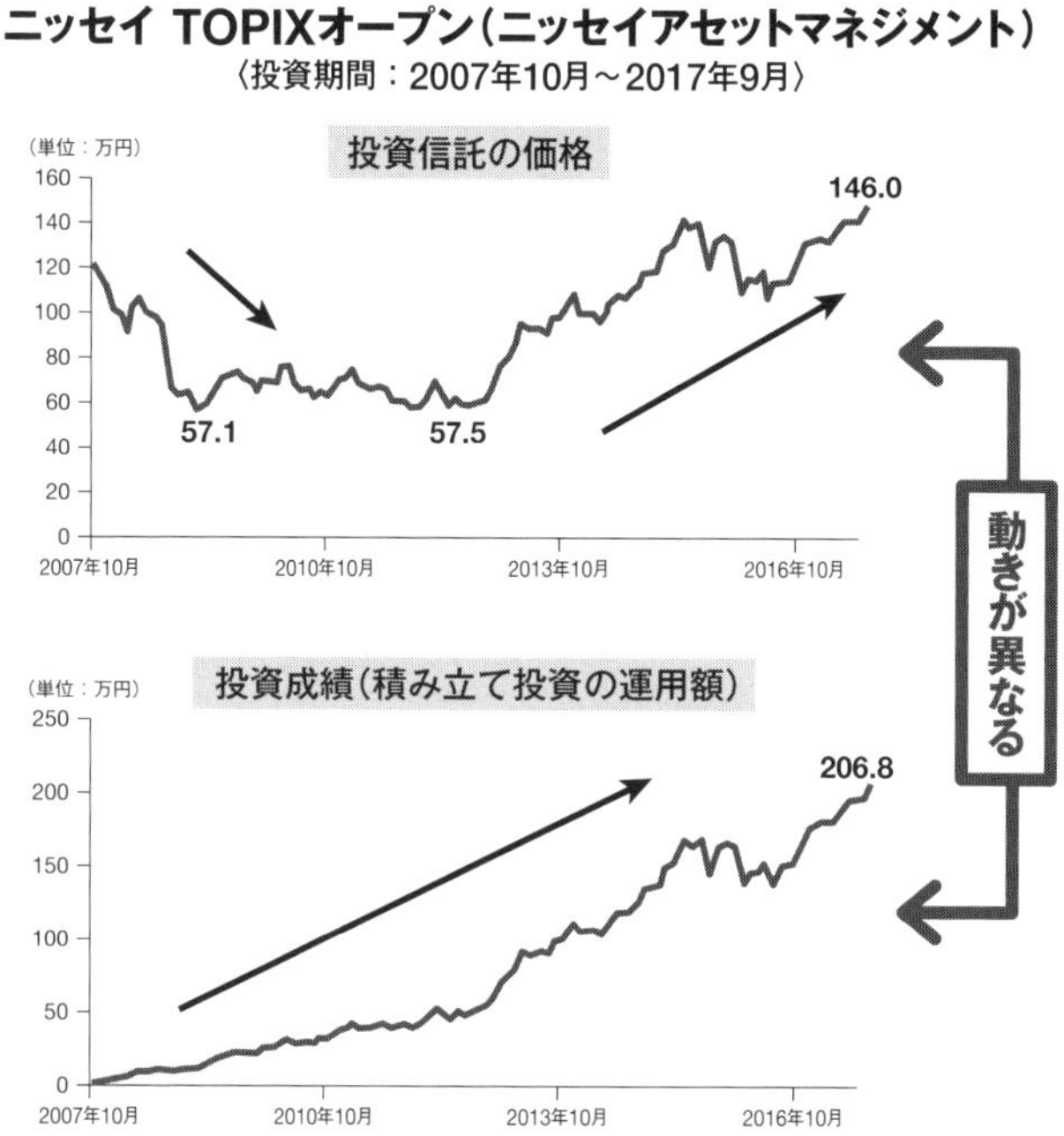


その後、投資した資産がおよそ半分の価値になった状態が5年以上も続いています。きっと、ハラハラしたりがっかりしたり、辛い思いが続いたはずです。やっと2007年の水準に基準価額が戻ったころには、「やっと含み損がなくなった！」と全部売ってしまい、その後の株価上昇の恩恵にあずかれなかった……などということに

なったかもしれません。

一方、積み立て投資のほうはどうでしょうか？　投資資産額は、基本的に右肩上がりに伸びていますし、「値下がりしているときは『量』を買える」という積み立ての基本を知っていれば、ハラハラドキドキすることもがっかりすることもなく、のんびり投資を続けられるのではないでしょうか。

積み立て投資の特徴は、スタート当初は投資資産額の変動幅が小さく、投資期間の後半になると変動幅が大きくなることにあります。

改めて、積み立て投資の資産額の推移グラフを拡大して見てみましょう（**図4-8**）。

2007年の積み立て開始から1年ほど後に基準価額が急落した局面でも、投資資産額はあまり大きく動いていないことが見て取れます。これは、積み立てだと開始してからしばらくは口数の「量」が少ないからです。

考えてみれば当然のことですが、積み立てはある程度継続して「量」が多くならない限り、投資資産額の急激な変化もないということになります。積み立て投資は少額で気軽に始められるだけでなく、基準価額の変動をあまり気にせずに続けていきやすい投資法だということが実感できるでしょう。

図4-8 ■ 積み立て投資の成績は前半は変動幅が小さく、後半は変動幅が大きくなる

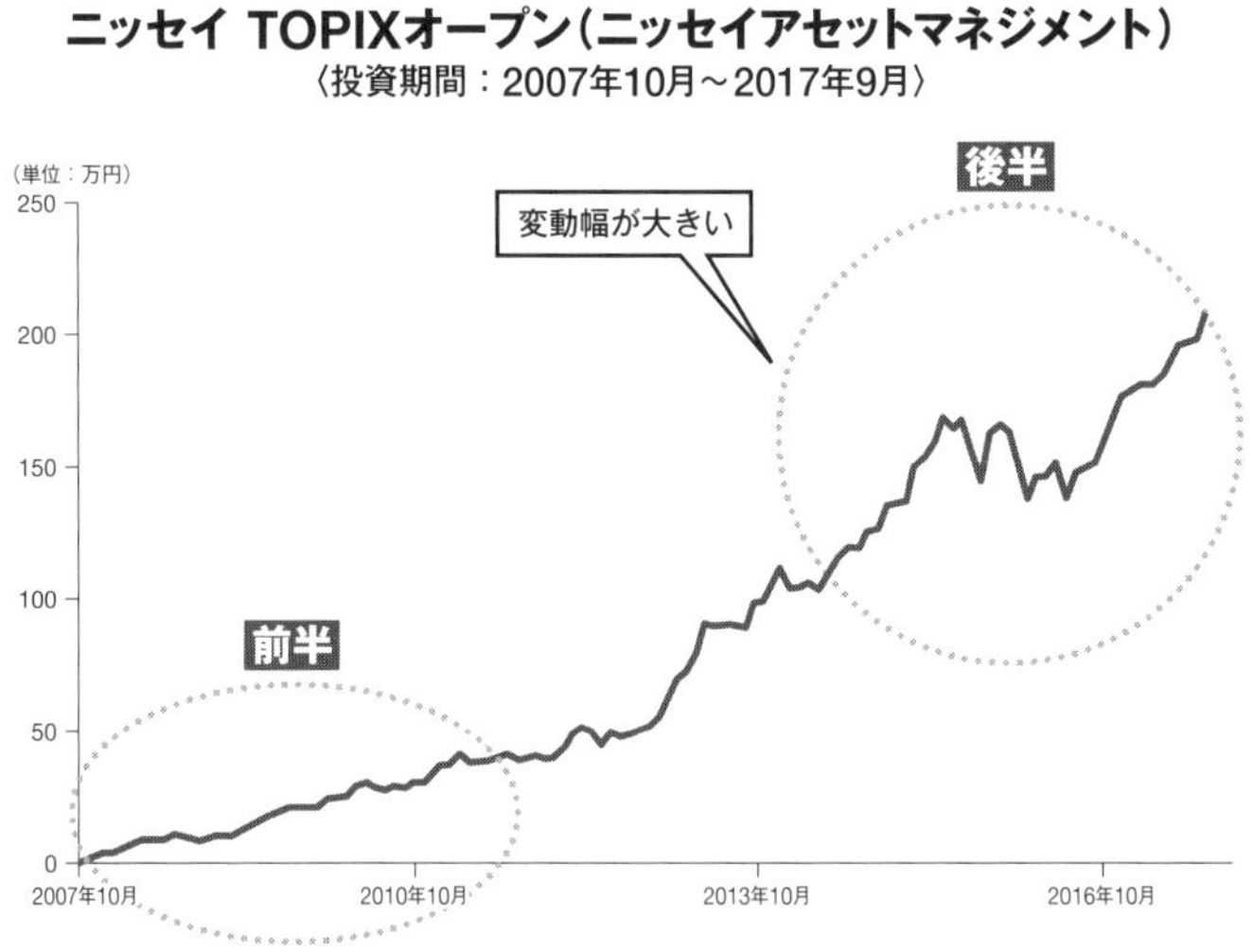


一方、10年近く積み立てを続け、値下がりしているときにも買い続けていると、徐々に「量」が増えていきます。このため、基準価額の動きに対して徐々に運用資産額の変化も大きくなるわけです。

「量」が増えることで基準価額の変動の影響も大きくなると聞くと、「基準価額が下がったときに大きく損をするのでは？」と心配になる人もいるかもしれません。しかし、心配には及びません。

## ▼基準価額が下がったタイミングは「量」を増やせる時期

**図4-9**をご覧ください。これは、「ニッセイTOPIXオープン」の①一括投資と②積み立て投資の投資成績を比較しやすいようグラフ化したものです。

先ほどからご説明しているように、積み立て投資の場合、当初は「量」が少ないので基準価額変動の影響が小さく、投資成績が大きくマイナスになることはありません。この点が一括投資と大きく異なることは、グラフからよくわかるでしょう。

そして、積み立てでは株価低迷時に「量」を多く買えていたことから、少し株価が回復すると投資成績が急速に上がることも見て取れます。

２０１５年～２０１６年には基準価額が大きく下がる局面もありましたが、長期での投資成績はプラスのまま。一括投資とは大きな差がついています。

この間、基準価額が大きく下がったタイミングはまた「量」を増やせる時期だったといえます。実際、その後の株価上昇時には、一括投資よりも投資成績の伸びが大きくなっていることがおわかりいただけるでしょう。

図4-9 ■「ニッセイ TOPIXオープン」の一括投資と積み立て投資の投資成績の比較

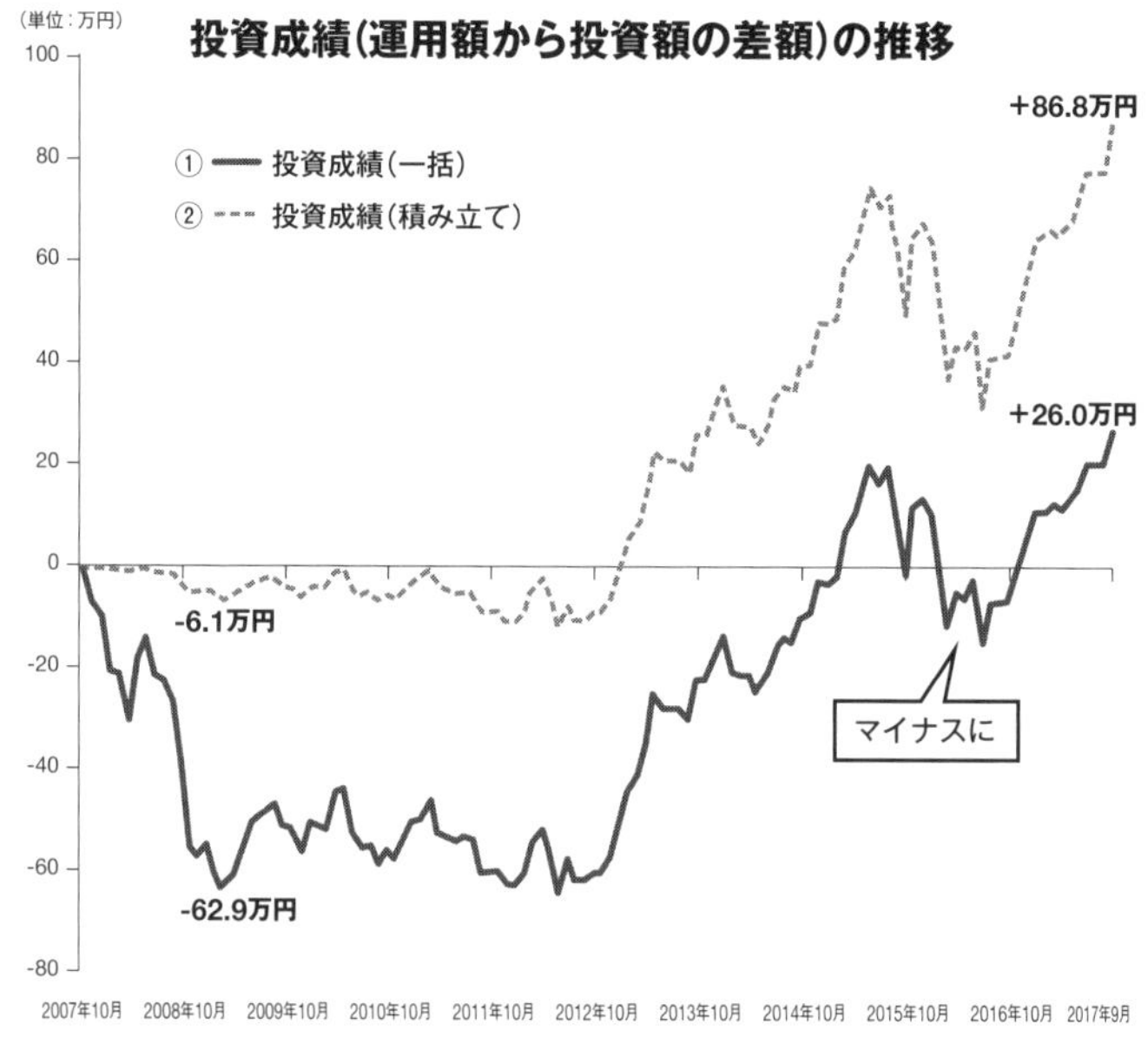


※2017年9月29日時点
出所:モーニングスター作成

積み立ての効果をより深く理解していただくため、日本株以外のケースも検証してみましょう。

# 5 外国株投信で「一括投資」と「積み立て投資」を比較する

**図4-10**は、「外国株式インデックスファンド」（三井住友トラスト・アセットマネジメント）という投信に、「①2007年10月に120万円を一括投資した場合」と「②2007年10月から毎月1万円ずつ積み立て投資し、10年間継続した場合（投資元本120万円）」を比較したグラフです。この投信は、「MSCIコクサイ・インデックス」という指数に連動するように運用されているもので、先進国の株式全体に分散して投資するファンドです。

「外国株式インデックスファンド」でも、一括投資の場合は2009年2月時点でマイナス72万2000円、2012年5月時点でマイナス54万9000円となっており、こ

### 図4-10 ■ 一括投資vs積み立て投資の比較(2)

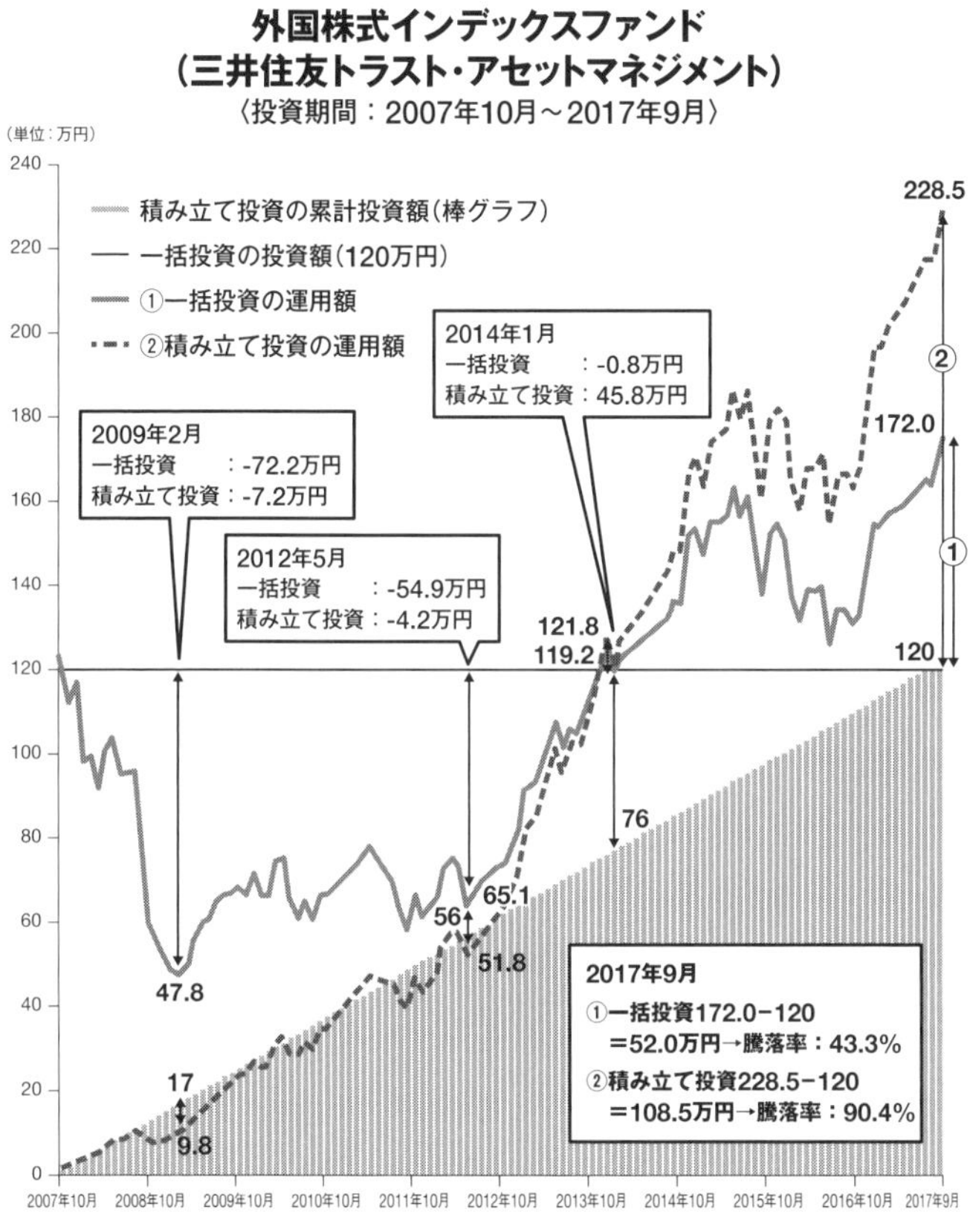


※2017年9月29日時点
出所：モーニングスター作成

のような運用状況では胃が痛くなってしまいそうですね。その後、2014年1月にやっとマイナス8000円まで回復し、2017年9月にはプラス52万円、騰落率ではプラス43・3%となりました。

## ▼積み立てなら騰落率でプラス90・4%という結果に

一方、積み立て投資なら、開始からしばらくは運用資産額の大きな変動はありません。しかしコツコツと「量」を増やした結果、2014年1月に基準価額が積み立て開始当初の水準まで回復するころにはプラス45万8000円となり、2017年9月にはプラス108万5000円、騰落率ではプラス90・4%という結果になっています。

**図4-11**は、「外国株式インデックスファンド」の一括投資と積み立て投資の投資成績を比較したグラフです。積み立て投資の投資成績の推移をみれば、「これなら10年間、さほど心配することなく心穏やかに投資できそうだ」と感じるのではないでしょうか。

## ▼新興国株投信でも積み立てに軍配

もう一例、リスクが高めの新興国株式で運用する投信についても同様の条件のデータ

**図4-11 ■「外国株式インデックスファンド」の一括投資と積み立て投資の投資成績の比較**

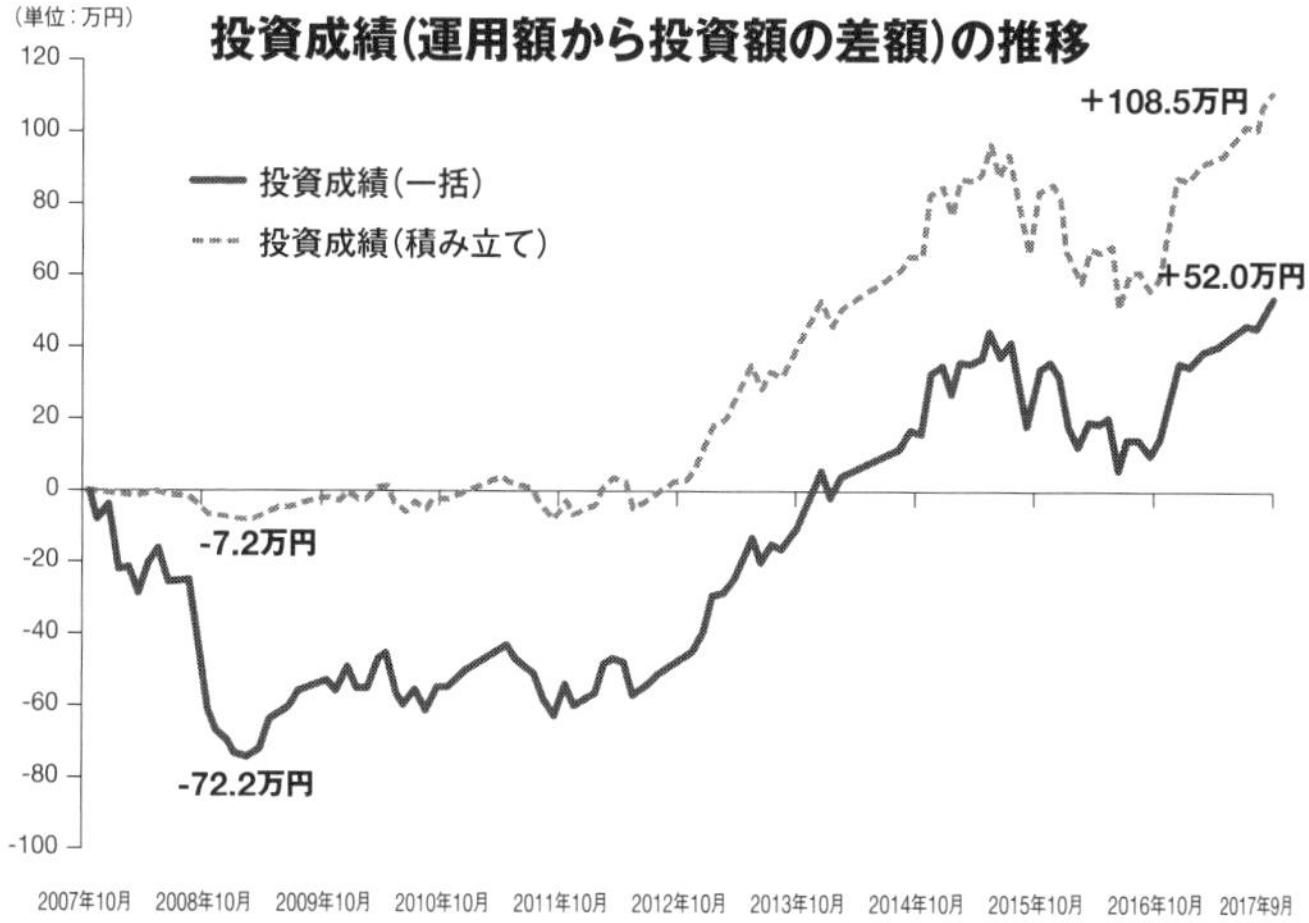


※2017年9月29日時点
出所：モーニングスター作成

を紹介しておきたいと思います。

**図4-12**は、「ノムラファンドマスターズ新興国株Bコース」（野村アセットマネジメント）という投信に「①2007年10月に120万円を一括投資した場合」と「②2007年10月から毎月1万円ずつ積み立て投資し、10年間継続した場合（投資元本120万円）」を比較したグラフ、**図4-13**は「ノムラファンドマスターズ新興国株Bコース」の一括投資と積み立て投資の投資成績を比較したグラフです。

図4-12 ■ 一括投資vs積み立て投資の比較（3）

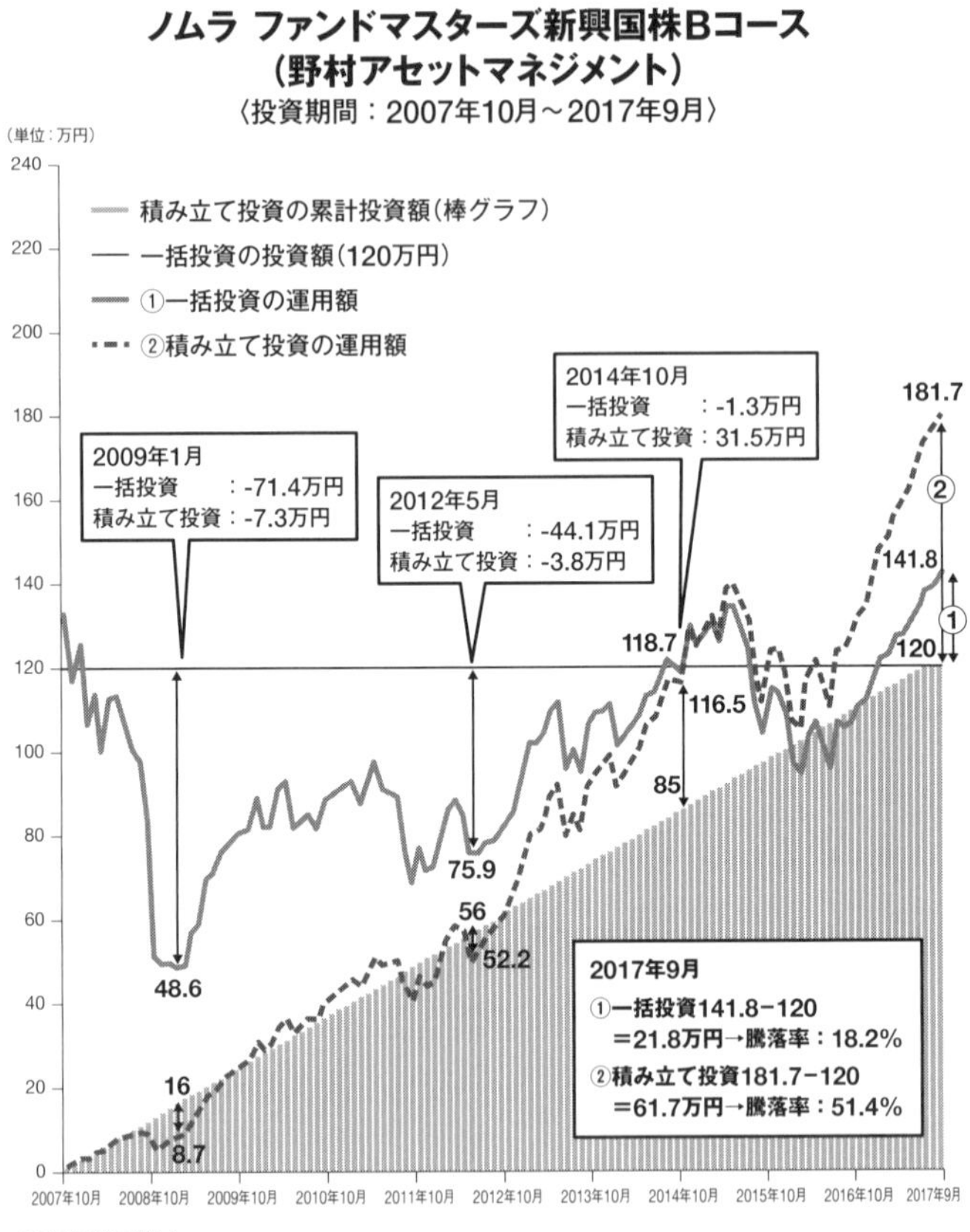


※2017年9月29日時点
出所：モーニングスター作成

図4-13 ■「ノムラ ファンドマスターズ新興国株Bコース」の一括投資と積み立て投資の投資成績の比較

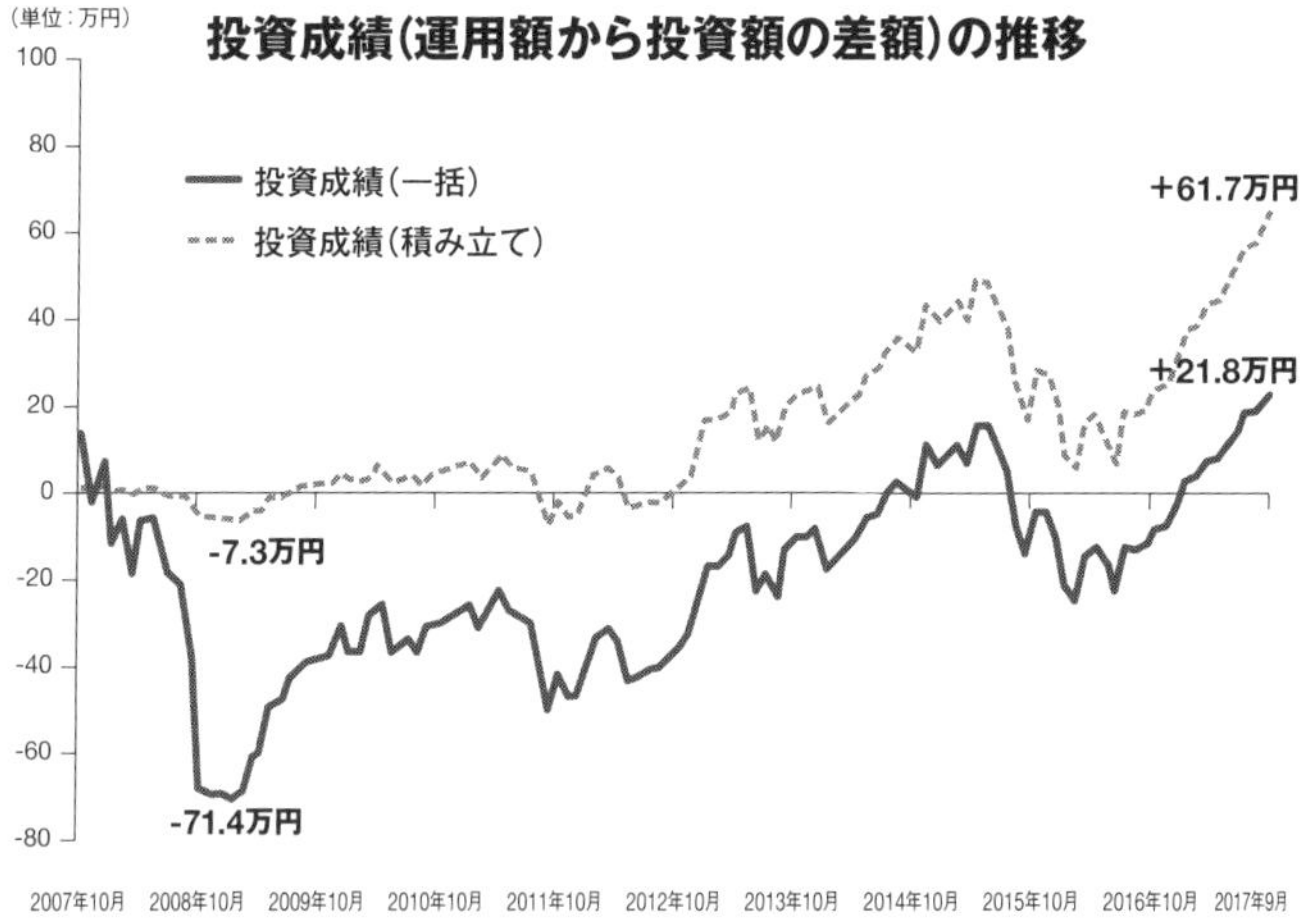


※2017年9月29日時点
出所:モーニングスター作成

どちらも先に紹介した日本株のケース(図4-6)や先進国株のケース(図4-10)と同様の傾向が見て取れますね。2017年9月時点では、一括投資の場合はプラス21万8000円、騰落率ではプラス18・2%でしたが、積み立て投資ならプラス61万7000円、騰落率はプラス51・4%と大きな差がついています。

いかがでしょうか。3つの投信での具体的な実績比較を見ると、積み立て投資の効果をしっかりと実感できるのではないでしょうか。

6

# 債券への投資は積み立てのメリットが小さい

ここまでは株式投信について積み立て投資のメリットを見てきましたが、債券投信についてはどうなのか、同様にデータを見てみましょう。

**図4-14**は、「三井住友・日本債券インデックス・ファンド」（三井住友アセットマネジメント）という投信に「①2007年10月に120万円を一括投資した場合」と「②2007年10月から毎月1万円ずつ積み立て投資し、10年間継続した場合（投資元本120万円）」を比較したグラフです。この投信はNOMURA-BPI（総合）という日本の債券市場の動向を示す指数に連動するように運用されています。

グラフを見ると、2017年9月時点では一括投資だとプラス27・3万円、積み立て投資ではプラス11・8万円となっており、一括投資のほうが有利であったことがわかり

## 図4-14 ■ 一括投資vs積み立て投資の比較(4)

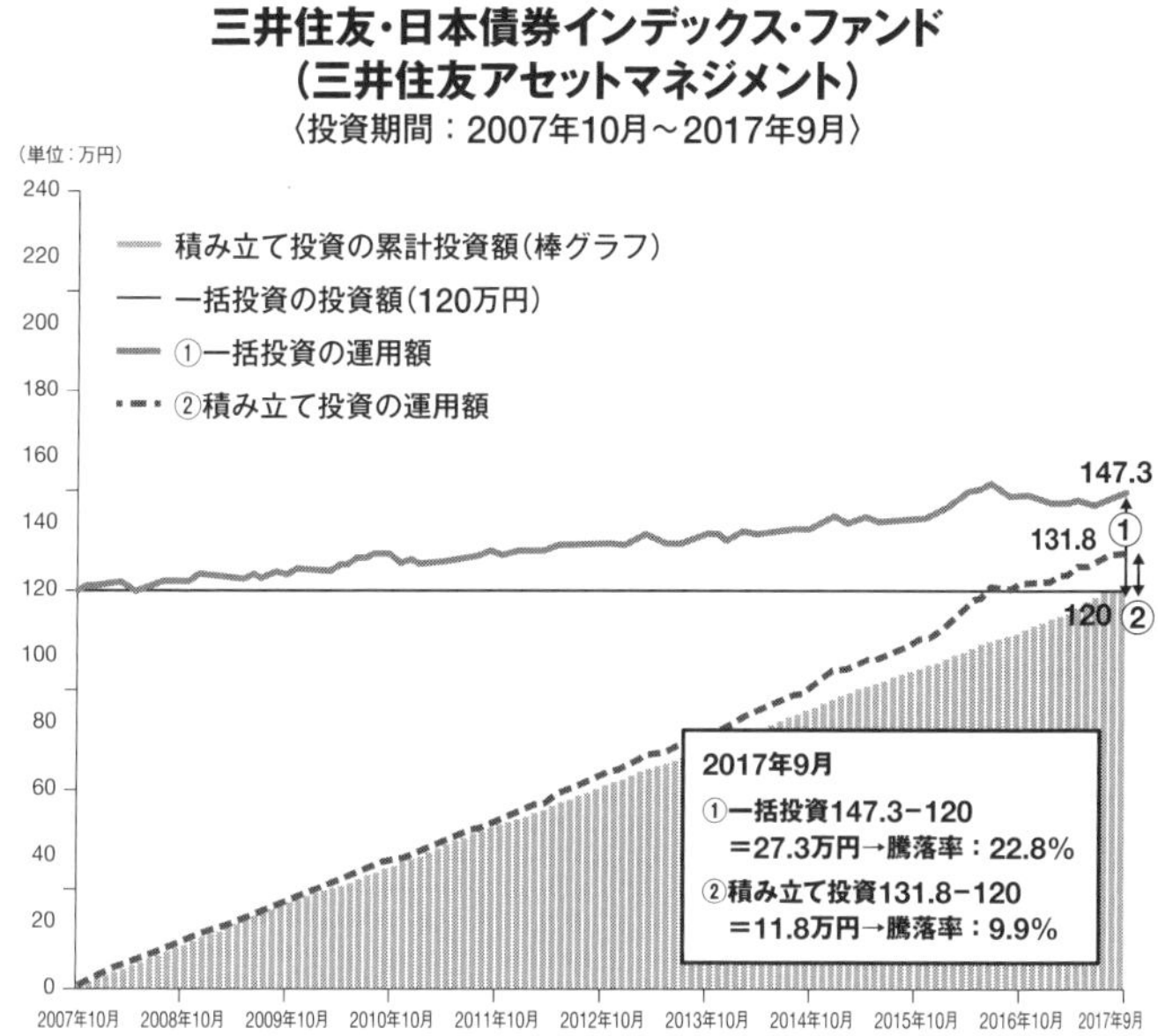


※2017年9月29日時点
出所:モーニングスター作成

ます。

これはなぜかというと、日本の債券市場が過去10年間ほぼ右肩上がりだったからです。債券価格と金利の間には「金利が下がれば債券価格が上昇する」「金利が上がれば債券価格は下落する」という関係がありますから、金利低下が進む環境のもと、債券投信の運用は非常に好調でした。

先にも触れたとおり、

右肩上がりに価格が上昇する場合は一括投資をしたほうが運用成績が高くなります。国内債券は過去10年間、まさにその状態にあったわけです。

では、外国債券はどうでしょうか?

## ▼株式を中心に投資した方が積み立てのメリットを活かしやすい

**図4-15**は、「外国債券インデックスファンド」(三井住友トラスト・アセットマネジメント)という投信に「①2007年10月に120万円を一括投資した場合」と「②2007年10月から毎月1万円ずつ積み立て投資し、10年間継続した場合(投資元本120万円)」を比較したグラフです。この投信はシティ世界国債インデックスという世界の国債市場の動向を示す指数に連動するように運用されています。

「外国債券インデックスファンド」は、一括投資の場合は2009年1月時点でマイナス26万1000円、2012年9月時点でマイナス21万9000円で、運用成績がマイナスの状態が長く続いていました。最終的に2017年9月にはプラス27万2000円、騰落率ではプラス22・7%となっています。

**図4-15 ■ 一括投資vs積み立て投資の比較(5)**

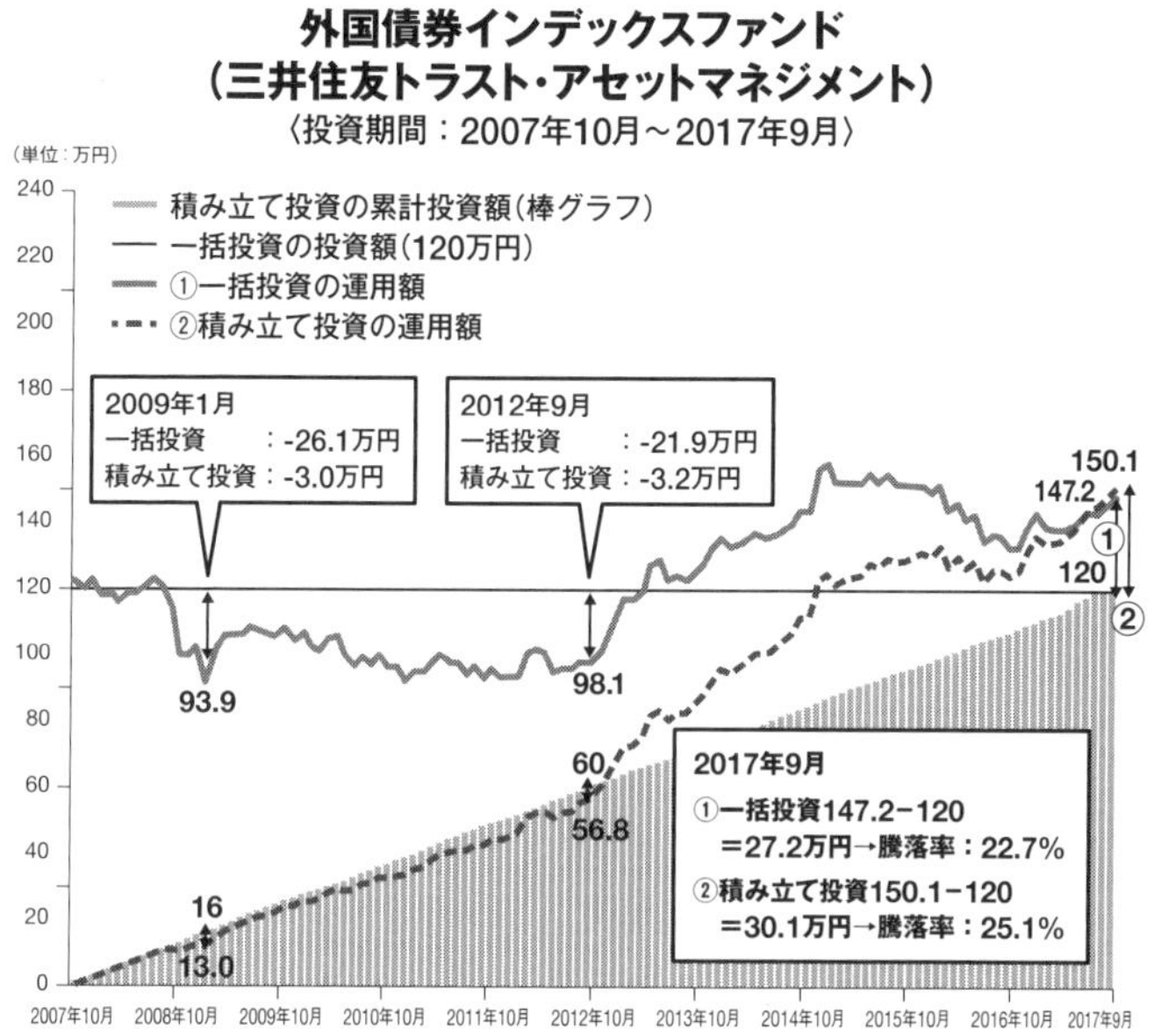


※2017年9月29日時点
出所：モーニングスター作成

一方、積み立て投資の場合は、やはり開始からしばらくは運用資産額の大きな変動はありません。2017年9月には、プラス30・1万円、騰落率ではプラス25・1%と、一括投資より若干良好な結果になっています。

こうして見ると、債券に投資する場合の積み立てのメリットはそれほど大きくないことがわかります。

## ▼積み立て投資の効果は、値下がりしたとき「量」を増やせることにより生じる

これは、もともと債券は株式と比べてリスクが低い（価格のブレ幅が小さい）ためです。これまでに見てきたように、積み立ての効果は、ある程度の価格の上下がある場合、値下がりしたときに「量」を増やせることによって生じます。

その意味では、株式を中心とした投信に投資をしたほうが積み立てのメリットは活かしやすいともいえるでしょう。

# 7 運用成績が悪いファンドでも、長期の積み立てなら報われた

ここで、さらに強く積み立て投資の効果を実感していただくために、興味深いデータを2つご紹介したいと思います。

**図4-16**をご覧ください。これは「新日鉄住金グループ株式オープン」（アセットマネジメントOne）という投信に「①2007年10月に120万円を一括投資した場合」と「②2007年10月から毎月1万円ずつ積み立て投資し、10年間継続した場合（投資元本120万円）」を比較したグラフです。

この投信は名前のとおり、新日鉄住金グループの株式で運用されています。

ひと目でおわかりいただける通り、この投信の運用実績は惨憺《さんたん》たるものです。

リーマン・ショック後の株価急落、その後の株式市場低迷の時期だけでなく、アベノ

### 図4-16 ■ 一括投資vs積み立て投資の比較(6)

**新日鉄住金グループ株式オープン**
**(アセットマネジメントOne)**
〈投資期間：2007年10月～2017年9月〉

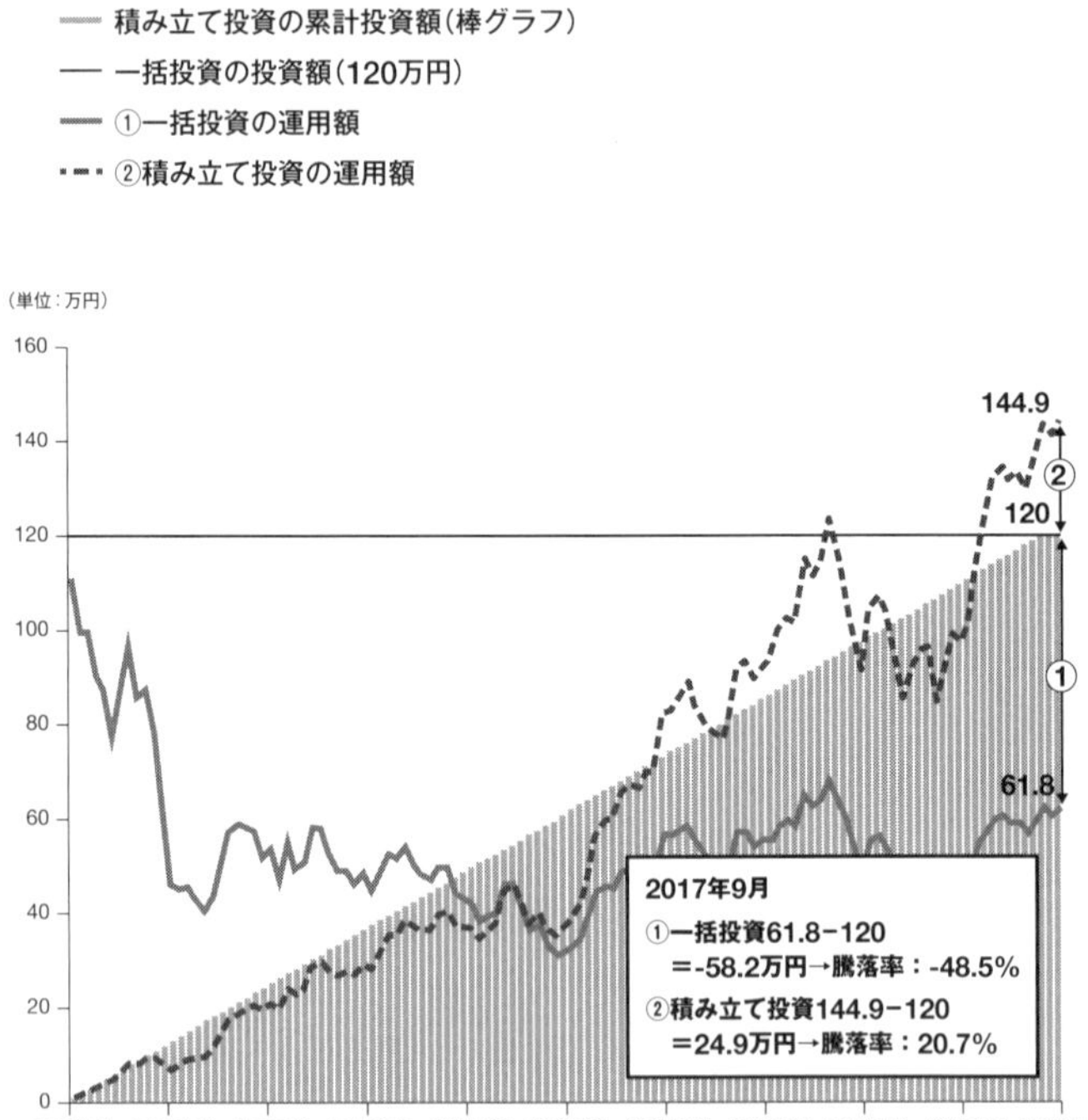


※2017年9月29日時点
出所：モーニングスター作成

ミクス以降も基準価額の上昇はほとんど見られず、①のケースでは2017年9月時点でマイナス61万8000円、騰落率がマイナス48・5％という結果になっています。

ところが、積み立て投資をした②のケースはいかがでしょうか。

これほどの「ダメファンド」でも最終的な投資成果はプラス24万9000円、騰落率20・7％。投資期間の最終局面で少し基準価額が戻ったとき、積み立てで「量」を稼いでいた効果が表れたわけです。

## ▼「量」を増やせれば、基準価額が回復するタイミングで利益を出せる

同じく、**図4-17**も見てみましょう。

これは中国株式で運用する「日興AM中国A株ファンド」（日興アセットマネジメント）という投信に「①2007年10月に120万円を一括投資した場合」と「②2007年10月から毎月1万円ずつ積み立て投資し、10年間継続した場合（投資元本120万円）」を比較したグラフです。

この投信も、運用成績は目も当てられない状況といえます。

もし①のケースで一括投資をしていたら、2017年9月時点ではマイナス

58万6０００円、騰落率はマイナス48・９％に終わっています。しかし、積み立て投資をした②のケースでは、最終的にはプラス43万９０００円、騰落率がプラス36・６％となっているのです。

これら２つのデータからは、運用成績がまったくふるわない投信でも、積み立て投資によって基準価額が低迷している間に「量」を増やせれば、基準価額が少し回復するタイミングを待つことで利益を出せることがわかります。

## 図4-17 ■ 一括投資vs積み立て投資の比較(7)

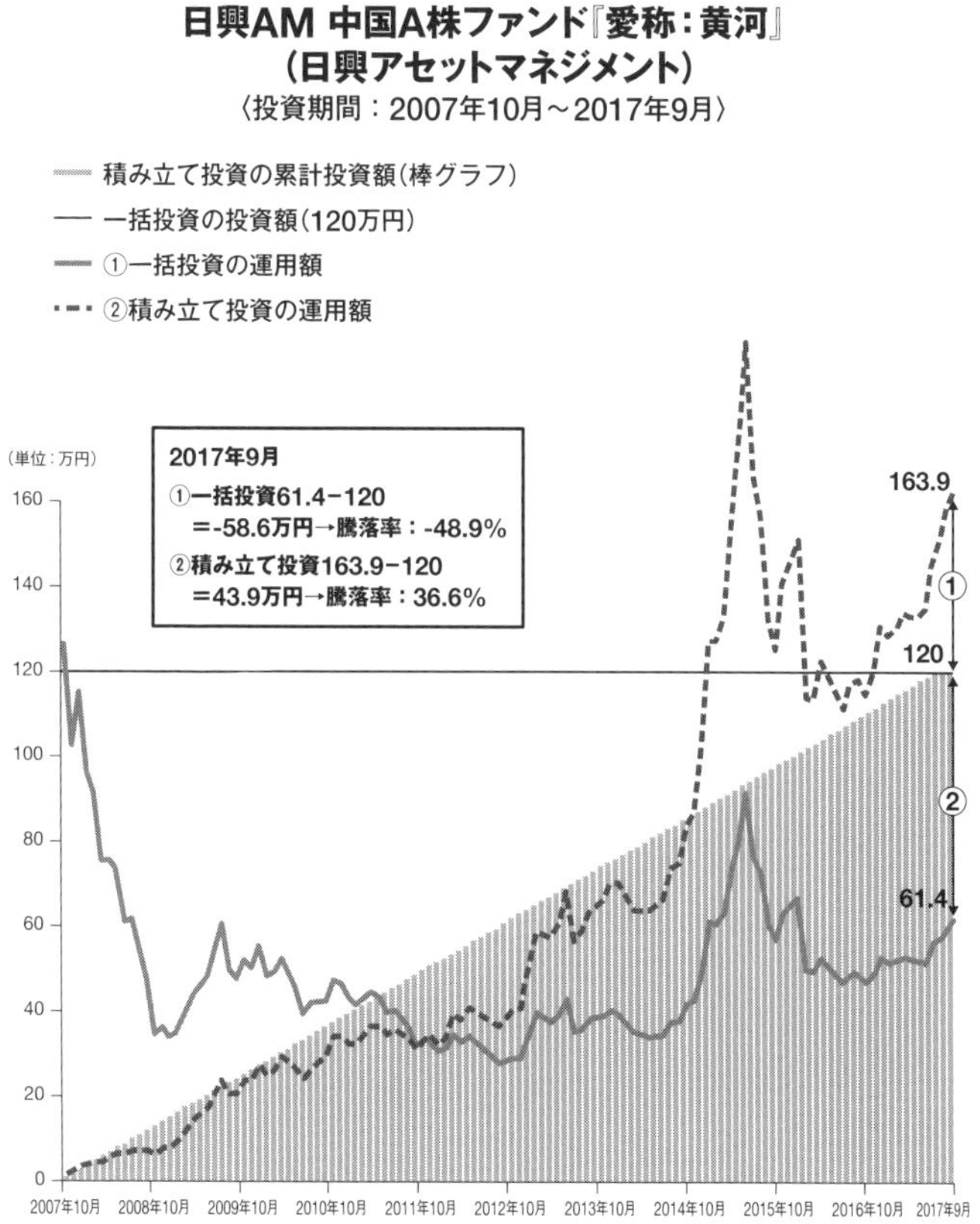


※2017年9月29日時点
出所：モーニングスター作成

8

# 10年間投信を積み立てれば、必ずプラスになる!?

先に「積み立て投資はできれば10年以上の長期で継続することが重要」とご説明しましたが、これを裏付けるデータがあります。

**図4－18**をご覧ください。これは、世界の株式市場の動向を示す「ＭＳＣＩオールカントリー」という指数を使い、「世界全体の株に幅広く分散投資する投信を10年間積み立て続けた場合」を仮定して年率リターンを試算したグラフです。

グラフの見方をご説明しましょう。

たとえば２００３年９月に積み立てをスタートし、２０１３年８月まで10年間にわたり積み立てを継続した場合、年率３・７３％の運用利回りだったことがわかります。

同様に、２００５年５月に積み立てをスタートし、２０１５年４月まで10年間にわた

図4-18 ■ 長期の「積み立て投資」―「グローバル株式100%」

## 投資開始月から10年間毎月積み立て投資をした場合の10年間の年率リターン

| | 10年リターン(年率) |
|---|---|
| 10年最大リターン | 6.86%(2005年5月～2015年4月) |
| 10年最小リターン | 3.73%(2003年9月～2013年8月) |
| 10年平均リターン | 5.37% |
| 投資開始月数 | 49ヶ月(2003年9月～2007年9月) |

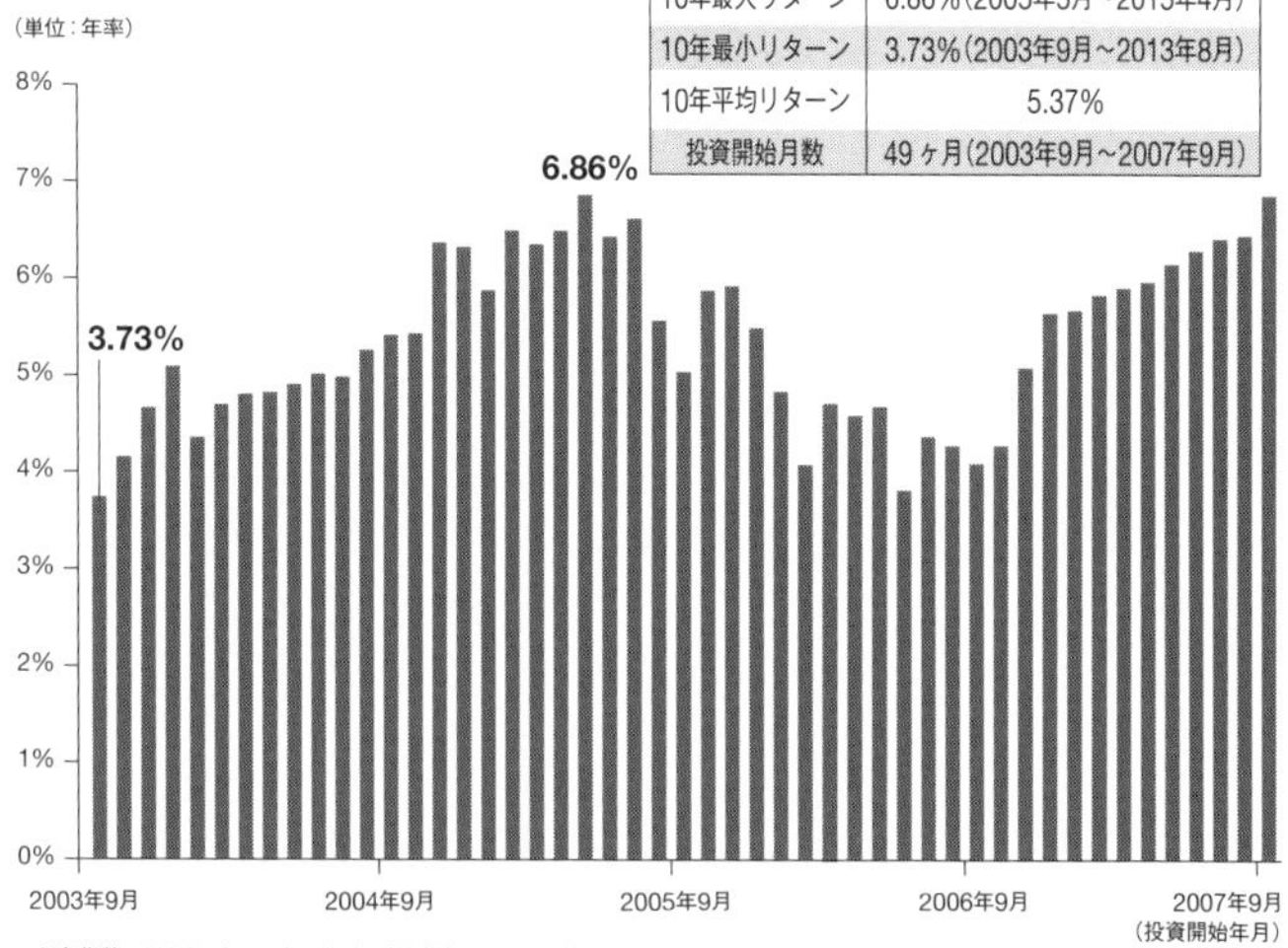


※対象指数＝MSC Iオールカントリー(配当込、円ベース)
※円ベースの指数は、ドルベースの月末インデックス値に、月末TTM(三菱東京UFJ銀行)をかけて算出
※毎月末の対象指数を1万円ずつ120カ月(10年)間購入し、最終月の翌日末の指数値で評価

り積み立てを継続した場合は、年率6・86%の運用利回りだったということです。

このグラフが示している事実は、きっとみなさんを勇気づけることでしょう。

10年間にわたって世界の株式に分散・積み立て投資をすれば、2003年9月から2007年9月までの49カ月の間、なんと「いつスタートしても、運用成績はプラスになった」のです。

## ▼積み立てを利用すれば5%以上の運用利回りも可能

このデータでは、10年間の積み立て投資の平均リターンは年率で5・37%となっています。積み立てを活用すれば、年5%以上の運用利回りをあげることが十分に実現可能だというのもおわかりいただけるでしょう。

ちなみに、債券も組み入れたポートフォリオでどのような結果になるのかも見ておきましょう。

**図4-19**は、「MSCIオールカントリー」と「シティ世界国債インデックス（除く日本、円ベース）」という指数を使い、「世界の株式に分散投資する投信を70%、世界の債券に分散投資する投信を30%組み入れたポートフォリオで10年間積み立て投資を続けた場合」について年率リターンを試算したものです。

このポートフォリオでは、2003年9月に積み立てをスタートし、2013年8月まで10年間にわたり積み立てを継続した場合、年率3・30%の運用利回りでした。

**図4-19 ■ 長期の「積み立て投資」―「グローバル株式70%、グローバル債券30%」**

**投資開始月から10年間毎月積み立て投資をした場合の10年間の年率リターン**

| | 10年リターン（年率） |
|---|---|
| 10年最大リターン | 6.03%（2005年5月～2015年4月） |
| 10年最小リターン | 3.30%（2003年9月～2013年8月） |
| 10年平均リターン | 4.68% |
| 投資開始月数 | 49ヶ月（2003年9月～2007年9月） |

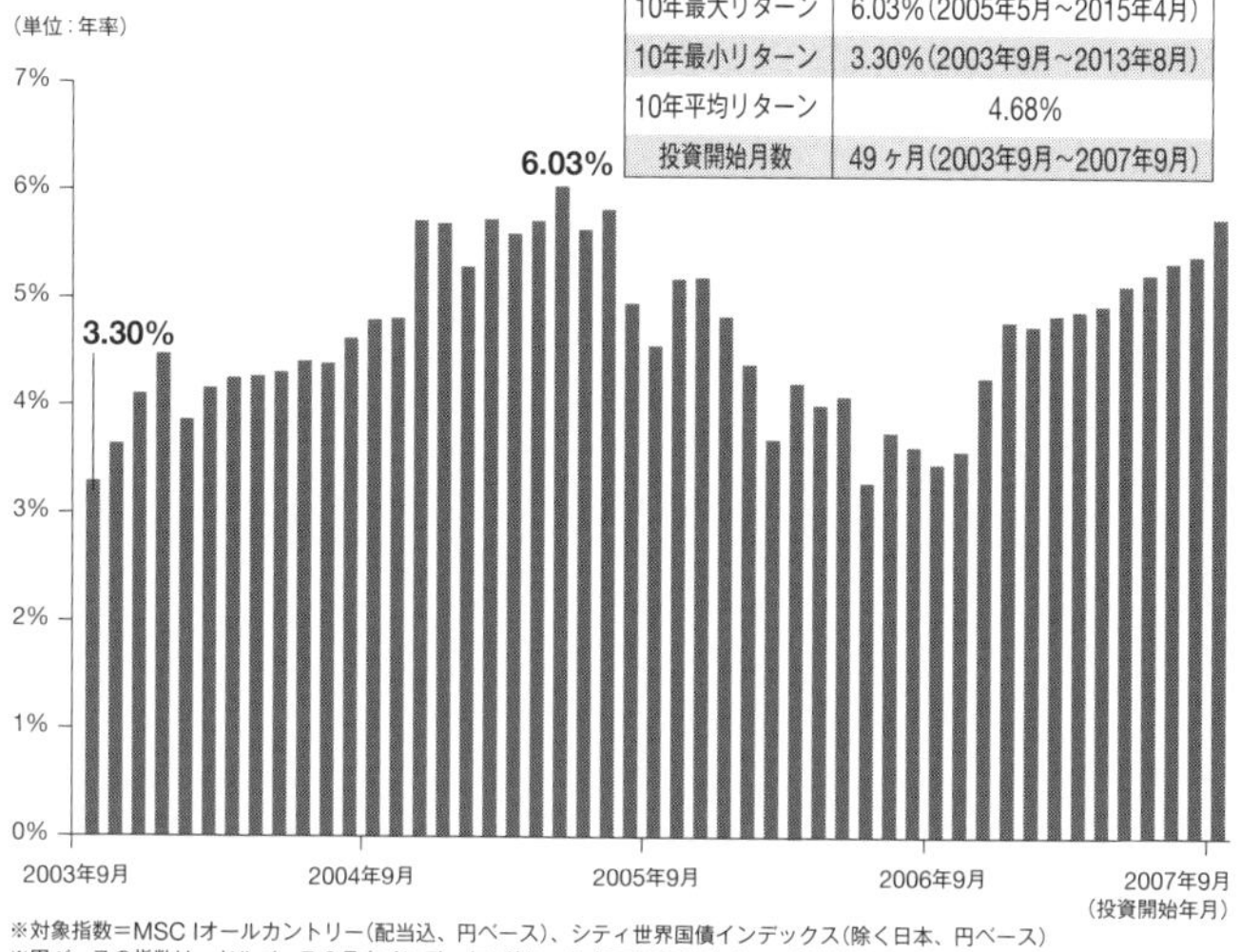


※対象指数＝MSCI オールカントリー（配当込、円ベース）、シティ世界国債インデックス（除く日本、円ベース）
※円ベースの指数は、ドルベースの月末インデックス値に、月末TTM（三菱東京UFJ銀行）をかけて算出
※毎月末の対象指数を1万円ずつ120カ月（10年）間購入し、最終月の翌日末の指数値で評価

同様に、２００５年５月に積み立てをスタートし、２０１５年４月まで10年間にわたり積み立てを継続した場合は、年率６・03％の運用利回りです。

やはり10年間にわたり積み立てを継続すれば、いつスタートしても運用成績はプラスになっています。

10年間の積み立て投資の平均リターンは、年率で４・68％で、リ

**図4-20 ■ 長期の「積み立て投資」—「グローバル株式100%」**

## 投資開始月から5年間毎月積み立て投資をした場合の5年間の年率リターン

| | 5年リターン(年率) |
|---|---|
| 5年最大リターン | 13.26%(2010年5月~2015年4月) |
| 5年最小リターン | -10.44%(2004年2月~2009年1月) |
| 5年平均リターン | 3.28% |
| 投資開始月数 | 109ヶ月(2003年9月~2012年9月) |

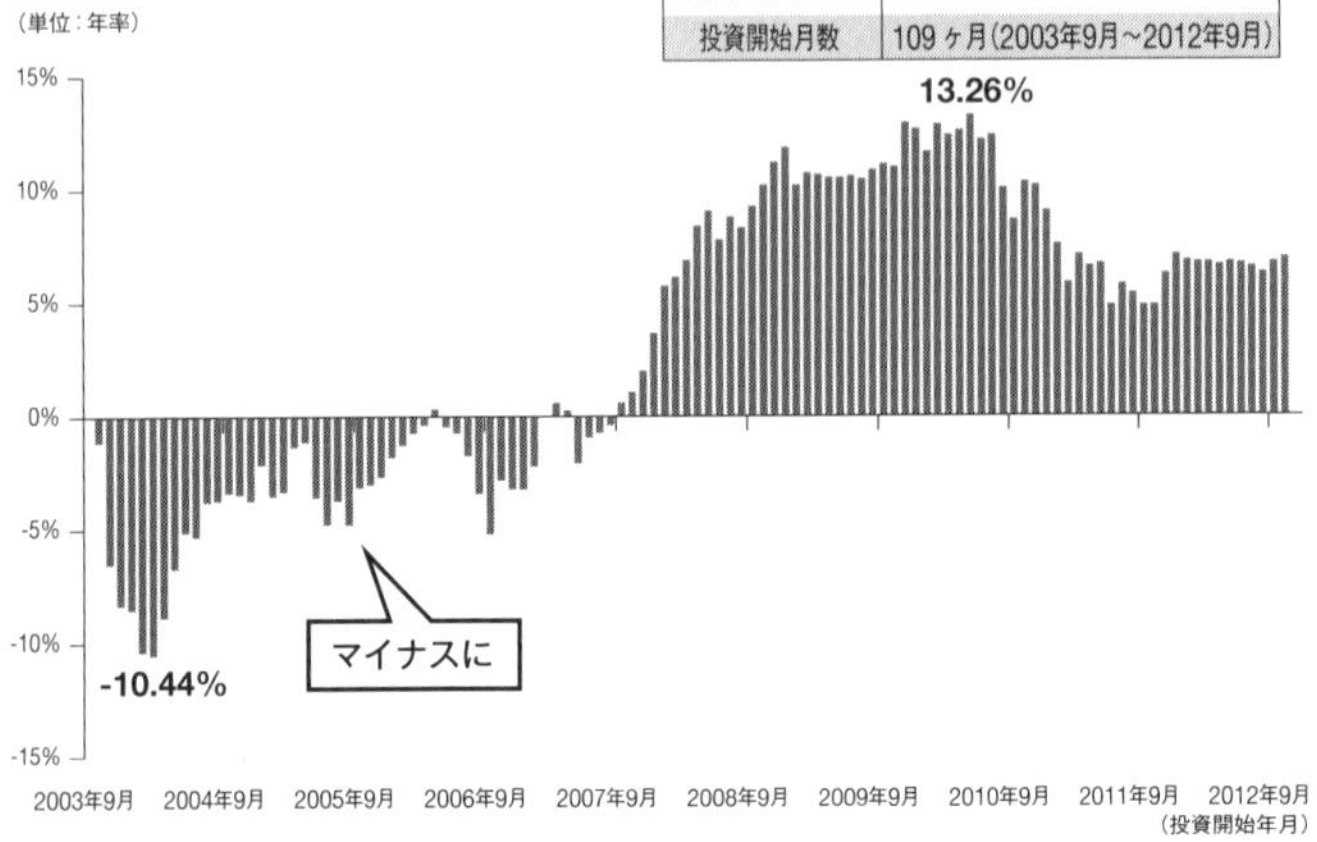


※対象指数=MSCI オールカントリー(配当込、円ベース)
※円ベースの指数は、ドルベースの月末インデックス値に、月末TTM(三菱東京UFJ銀行)をかけて算出
※毎月末の対象指数を1万円ずつ60カ月(5年)間購入し、最終月の翌日末の指数値で評価

スクが低い債券も組み入れた結果、株式のみのポートフォリオと比べて運用利回りが低くなっていることもわかります。

### ▼積み立て投資で成功するには10年程度は継続が必要

なお、積み立て期間を5年間として同様の試算を行うと「世界の株式100%のポートフォリオ」「世界の株

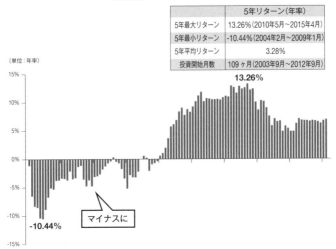

### 図4-21 ■ 長期の「積み立て投資」―「グローバル株式70%、グローバル債券30%」

## 投資開始月から5年間毎月積み立て投資をした場合の5年間の年率リターン

| | 5年リターン(年率) |
|---|---|
| 5年最大リターン | 11.57%(2010年5月~2015年4月) |
| 5年最小リターン | -7.59%(2004年1月~2009年12月) |
| 5年平均リターン | 2.93% |
| 投資開始月数 | 109ヶ月(2003年9月~2012年9月) |

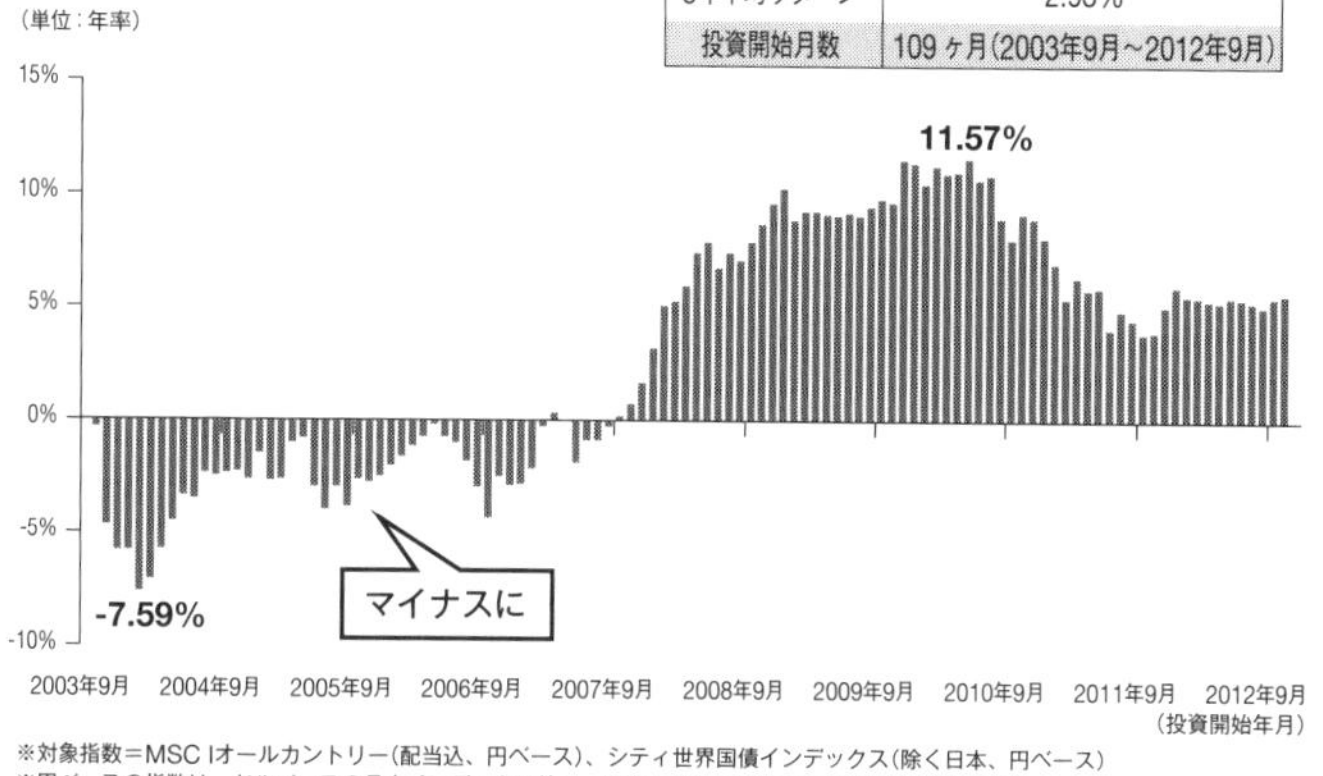


※対象指数＝MSC Iオールカントリー(配当込、円ベース)、シティ世界国債インデックス(除く日本、円ベース)
※円ベースの指数は、ドルベースの月末インデックス値に、月末TTM(三菱東京UFJ銀行)をかけて算出
※毎月末の対象指数を1万円ずつ60カ月(5年)間購入し、最終月の翌日末の指数値で評価

式70%、世界の債券30%のポートフォリオ」、いずれの場合も運用成績がマイナスになるケースがありました(**図4-20**、**図4-21**)。

これらのデータから、「長期・分散・積み立て投資」で成功するには、やはり少なくとも10年程度は積み立てを継続することがカギになると言えそうです。

# 9 積み立て投資は「いますぐ」始めるのが正解

本章の最後に、積み立て投資の意義をまとめておきましょう(**図4-22**)。

まず、積み立て投資は「価格が下がっても喜ぶことができる投資」だということです。値下がりすれば、その分だけ「量(投信の場合は口数)」を増やすことができ、基準価額が戻ったときに利益を上げやすくなるからです。

また、積み立ては「いくらで買ったか」が気にならない投資法でもあります。

これまでに見てきた例からもわかるように、一括投資をすれば「自分がいくらで買ったか」は明白であり、その基準価額より下がれば損失が発生し、上がれば利益が出ることになります。するとどうしても、「今日の基準価額はいくらだろう」「自分が買った価格より下がっている」と気をもんでしまうでしょう。大きく値下がりしたあと、買った価格に戻ったら、それ以上の価格上昇を待たずに売却してしまうといったことになりが

図4-22 ■ 積み立て投資は、投資家の行動心理にもプラス

(1) 価格が下がっても喜ぶことのできる投資。
購入する量（株数、口数）が増える。

(2) 購入の簿価が気にならなくなる。

(3) 日々の株価を気にせず、
心穏やかに投資を続けられる。

出所：モーニングスター作成

ちです。

この点、積み立て投資では積み立てるたびに平均買い付け価格が変わるので、いちいち気にすることはまずありません。

結果として、**基準価額の上下に一喜一憂することがなくなり、心穏やかに投資を続けられる**のです。

ストレスを感じることなく投資を継続できるというのは、非常に重要なことです。

それは、投資はあくまでも人生の目的を資金面で達成するための1つの手段にすぎず、「主従」でいえば「従」でしかないからです。

仕事や趣味など、人生では「主」として力を入れるべきことがたくさんあります。投資でストレスを感じて生活に影響をおよぼすのは、本末転倒です。

## ▼より早くスタートし、より長く継続すること

いかがでしょうか。徐々に積み立て投資を始めたいという気持ちになってきたのではないでしょうか?

もしその気になっていただけたのでしたら、すぐにスタートしましょう。

投資を始めるにあたって「今は始めどきなのか」と気にする人は少なくありません。しかし、20年間にわたり毎月積み立て投資をするのであれば、みなさんはこれから240回もの投資を行うことになります。

つまり、最初の積み立ては「240回の投資のうちの1回」にすぎず、投資額全体の240分の1の影響しかないわけです(**図4-23**)。

積み立て投資の成果を高めるには、「より早くスタートし、より長く継続すること」こそ重要です。始めどきは、「いますぐ」です。

図4-23 ■ 積み立て投資のスタートのタイミングは重要ではない

20年間で考えた場合、240回の投資を行う

スタートのタイミングは
240回のうちの最初の1回に過ぎない

投資額全体の
240分の1の影響しかない

| 投資回数 | 投資年月 | 投資額 | 投信の基準価格 |
|---|---|---|---|
| 1回 | 2018年1月 | 10,000円 | 8,000円 |
| 2回 | 2018年2月 | 10,000円 | 10,000円 |
| 3回 | 2018年3月 | 10,000円 | 11,000円 |
| 4回 | 2018年4月 | 10,000円 | 9,500円 |
| ⋮ | ⋮ | ⋮ | ⋮ |
| 240回 | 2037年12月 | 10,000円 | 22,000円 |

合計：2,400,000円

# 第5章

# つみたてNISAのお勧め投信、7本を大公開！

## 1 つみたてNISAで投資する投信選びのポイントは「コスト」

さて、いよいよ第5章では、つみたてNISAで投資する商品の選び方を紹介したうえで、本書執筆時点で「これがお勧め」といえる投信7本も公開したいと思います。

まずは、投信選びの重要なポイントである「**コスト**」について押さえておきましょう。

投信を選ぶ際は「どれくらい増えるのか」に目が向きがちなもので、投資経験者でも「コストのことなんか考えたことがない」という方は少なくありません。

しかし、コストが高い商品を選んでしまうと運用成績に大きな悪影響を及ぼすことになりますから、注意が必要です。

投信選びにおいて、**コストは最重要ポイントのひとつ**です。

先にも少し触れましたが、投信にかかる主なコストとして押さえておくべきなのは、

**「販売手数料（購入時手数料）」「信託報酬（運用管理費用）」**の２つです。ここで改めて復習しておきましょう。

販売手数料とは、その名前の通り、投信を購入する際に販売会社に支払う手数料のことです。

販売手数料は１〜３％程度ですが、中には販売手数料が無料の「ノーロード」と呼ばれるものもあります。つみたてＮＩＳＡではノーロードであることが対象商品の条件となっているので、つみたてＮＩＳＡを利用する場合は販売手数料を気にする必要はありません。

もし、一般の課税口座でも積み立てを検討する場合は、販売手数料がかかるものを選ぶと積み立てのたびに販売手数料を支払うことになり、運用結果にマイナスの影響を及ぼしますから、ノーロードのものを対象に商品を選んでいくことをお勧めします。

## ▼信託報酬は、運用期間中ずっと差し引かれる

信託報酬というのは、運用会社、販売会社、受託会社に対して、資産の運用や管理などを行ってもらうことへの報酬として支払う手数料です。

販売手数料は購入時に一度支払うだけですが、信託報酬は運用期間中ずっと資産から差し引かれていきます。

毎年毎年かかり続けるわけですから、長期の運用成績に与える影響が非常に大きいコストと言えます。

**図5－1**をご覧ください。今、運用利回りが年3・5％で信託報酬が0・5％のAファンドと、運用利回りは同じく3・5％で信託報酬が1・5％のBファンドがあるとしましょう。グラフは、それぞれのファンドで100万円を30年間運用した場合の運用結果を示したものです。

AファンドとBファンドは、信託報酬が1％違うだけです。

しかし30年後の運用成果を見ると、Aファンドが242万7000円まで増えているのに、Bファンドは181万1000円にしかなりません。その差はなんと、61万5900円にもなるのです。

図5-1 ■ コストの違いでリターンが変わる

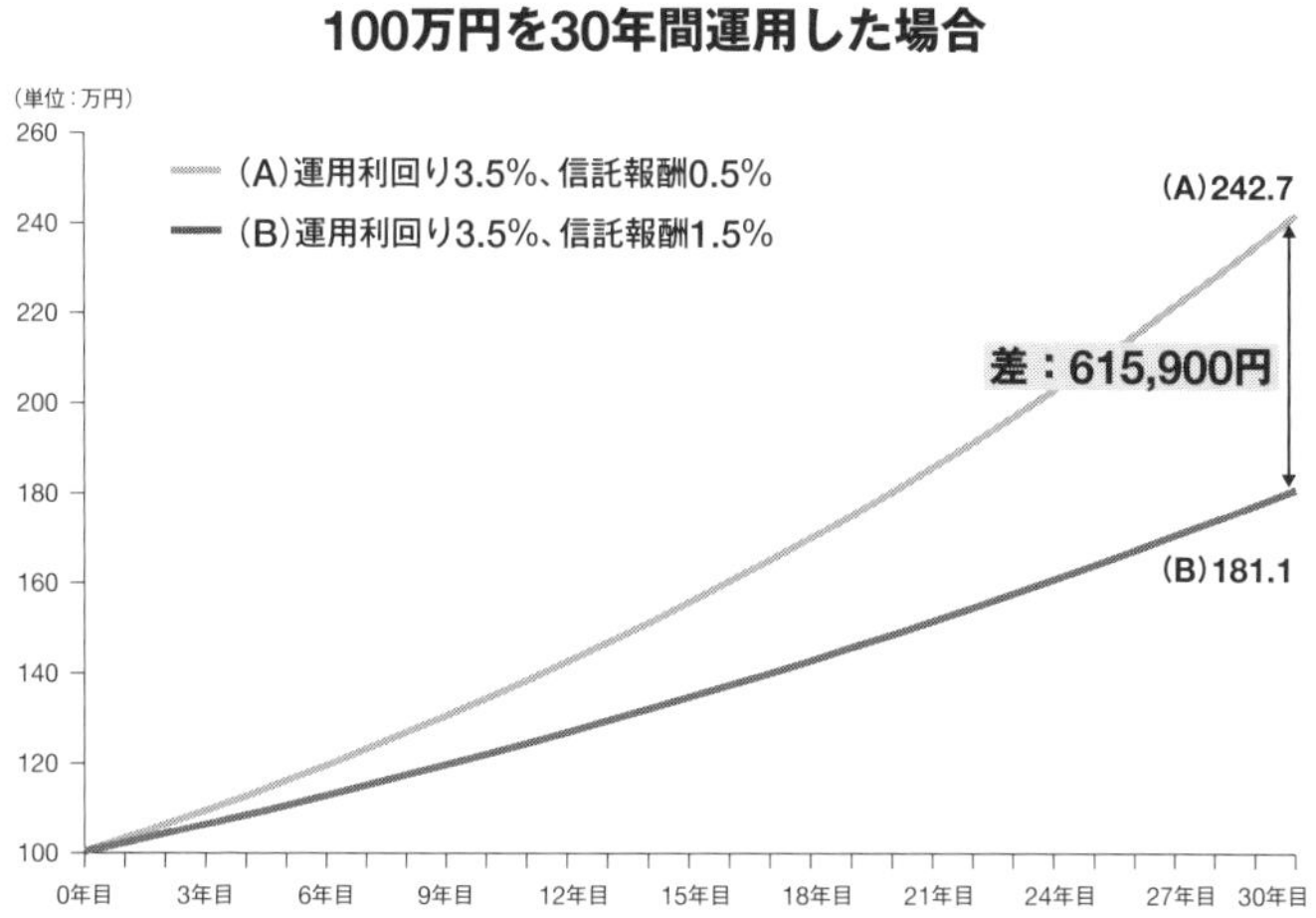


## ▼「自分でコントロールできる部分=コスト」を大切にする

こうして具体的な数字を見るとわかるように、コストが運用成績に与える影響は非常に大きく、特に長期の資産運用ではその差がより広がります。

ですから、つみたてNISAで積み立てていく投信を選ぶ場合、コストは特に重視すべきポイントとなります。

投資をしていくうえでは、運用利回りは事前に保証されているものではなく、投資家は結果をコントロールすることができません。

高い運用利回りを期待して投資をしても、実際は運用成績がふるわないということも十分に起こりうるのです。

しかし、コストに関しては最初からどれくらいかかるかを事前に知ることができ、自分で低いものを選択することが可能です。

**「自分でコントロールできる部分＝コスト」を大切にする**ことで、少しでも運用のパフォーマンスを向上させていくことを心がけましょう。

2

# インデックスファンドか、アクティブファンドか?

投信には運用手法により「**インデックスファンド**」と「**アクティブファンド**」という分類があります。

インデックスファンドとは、日本株なら東証株価指数（TOPIX）や日経平均株価、先進国株なら「MSCIコクサイ」といった指数（インデックス）に値動きが連動するように運用する投信です。

一般に、インデックスファンドはプログラムされたシステムによって運用されるため、運用会社やファンドマネジャー（運用責任者）によってパフォーマンスが左右されることはほとんどありません。つまり、同じ指数に連動する商品ならパフォーマンスはほぼ同じと考えて構いません。

インデックスファンドは、組み入れ銘柄の選定のための調査などに手間をかける必要がありません。このため運用にかかるコストが低く、ノーロードの商品や信託報酬が低い商品が多いのも特徴です。運用には差がないので、商品選びはコストをチェックすることが最も重要なポイントになります。

## ▼商品によって運用成績には大きな差が

一方、アクティブファンドはそれらのインデックス（指数）を上回るパフォーマンスを目指して運用されるもののことをいいます。

アクティブファンドは運用会社のファンドマネジャーが組み入れ銘柄を選定するので、投資成果は運用方針やファンドマネジャーの手腕次第で大きく変わります。同じような運用方針に見える日本株投信でも、商品によって運用成績には大きな差があるものです。

このため、アクティブファンドを選ぶ場合は、ファンドの運用方針や過去の運用実績など、さまざまな観点で細かくチェックする必要があります。

また、アクティブファンドはインデックスファンドに比べて組入銘柄が少ない傾向にあり、数十銘柄程度の銘柄数で運用する場合もあります。集中投資をすると「値上がりするときは値上がり率も高いけれど、下がるときは大きく下落する」、つまりハイリスク・

**図5-2 ■ インデックスファンドとアクティブファンドの比較**

| | インデックスファンド | アクティブファンド |
|---|---|---|
| 投資目標 | 指数に連動する<br>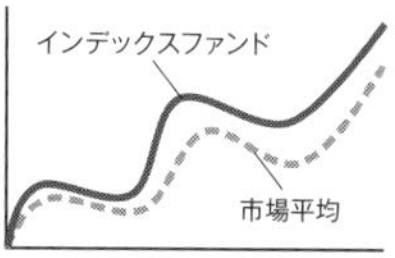 | 指数を上回るパフォーマンスを目指す<br>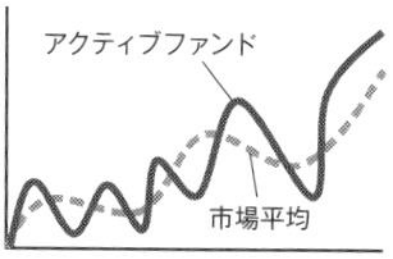 |
| コスト | 低い | 高い |
| 商品ごとの運用成績 | あまり差がない | 商品によって差がある |

ハイリターンの運用になることも知っておきたいポイントです。

なお、アクティブファンドはファンドマネジャーによる企業調査など運用に手間がかかるため、コストはインデックスファンドに比べて高くなりがちなのも特徴といえます（**図5－2**）。

## ▼多くのアクティブファンドはインデックスファンドに勝てない

こうしてインデックスファンドとアクティブファンドの違いを押えたところで、みなさんはどちらが魅力的だと感じるでしょうか？

「運用のプロが、より高いパフォーマンスを目指して運用してくれるんだったら、アクティブファンドのほうが儲かるのでは？」

そう考える方もいるでしょう。

しかし、プロが運用するからといって高いリターンが期待できるとは限りません。それどころか、**実はアクティブファンドは、インデックスファンドに勝つことができていないものが多い**のです。

**図5－3**は、日本株で運用されているアクティブファンドについて、TOPIXのパフォーマンスを上回ったものがどれくらいあったのかを調べたデータです。

たとえば2007年には、日本株アクティブファンドのうちTOPIXを上回るパフォーマンスをあげられたものは39％に過ぎませんでした。

このようにして毎年のデータを見ると、過去10年間のうち、アクティブファンドの半数以上がTOPIXを上回ったのはたった3回しかなかったことがわかります。

もちろん、アクティブファンドの中には高いパフォーマンスを出し続けている優れた

**図5-3 ■ 国内株式インデックス（TOPIX）のパフォーマンスを上回ったアクティブファンドの割合**

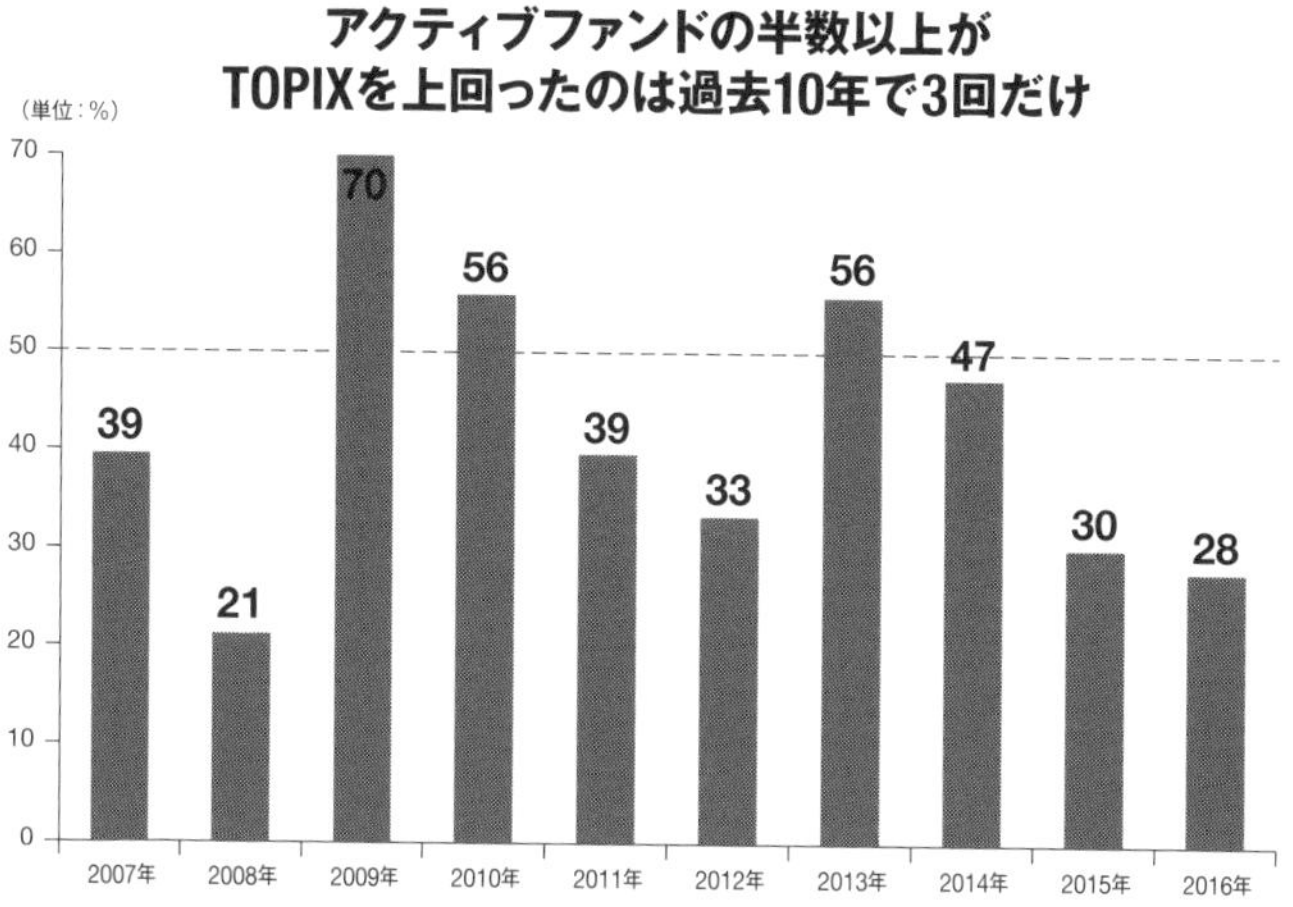


※国内公募追加型株式投信（確定拠出年金及びファンドラップ専用ファンド含む）
※2016年12月末時点でモーニングスターカテゴリー「大型グロース」、「大型ブレンド」、「大型バリュー」に属するアクティブファンド
※ベンチマークは「TOPIX（配当込み）」

ものもあります。

しかし、優れたアクティブファンドを選び出すのは少々手間がかかりますし、さらに優れた運用を継続できているかどうかウオッチし続ける必要もあります。

このため私は、**つみたてNISAを利用する方には原則としてインデックスファンドを選ぶことをお勧め**します**（図5-4）**。

インデックスファンドならコストを抑えた運用が可能ですし、「市場全体」を保有するわけですから、非常に多くの銘柄に分散して投資することができます。

**図5-4 ■ インデックスファンドの主なメリット**

(1) コストを抑えた運用が出来る。

(2) 市場全体を保有するので
多くの銘柄に分散投資が出来る。

(3) 優秀なアクティブファンドを
探す手間と時間が省ける。

　また、アクティブファンドの場合、優れたアクティブファンドを探して購入後にウオッチし続けるという「時間と手間」がかかります。

　しかし、インデックスファンドなら投資について勉強したり、調べたりする時間と手間を省くことができます。

# 3 つみたてNISAで買える投信にはどんなものがある?

先にご説明したように、つみたてNISA口座で買える投信は金融庁が定める基準を満たしたものだけです(**図5-5**)。対象商品となるには、すべてノーロードで、解約時にかかる手数料も無料である必要があります。

インデックス投信の場合、対象となる指数が指定されています。また、「国内型」のインデックスファンドは信託報酬が税抜きで0・5%以下、「海外型」のインデックスファンドは信託報酬が税抜きで0・75%以下という基準が設けられています。

アクティブ投信は、「国内型」の場合は信託報酬が税抜きで1・0%以下、「海外型」では1・5%以下という基準があるほか、「純資産額50億円以上」「信託開始以降5年以上経過」「信託期間中の3分の2以上で資金流入超」という基準が設けられています。海のものとも山のものともわからない新しい投信は除外され、過去5年以上の運用実績が検

**図5-5 ■ つみたてNISAの投資対象は、投資信託（ETFを含む）のみ**

## 〈対象商品の要件〉

| 種類 | | 手数料（信託報酬・税抜） | | | その他 |
|---|---|---|---|---|---|
| | | 購入時手数料 | 信託報酬（税抜） | 信託財産留保額（解約時手数料） | |
| インデックス投信（指数は指定） | 国内型 | ノーロード（購入時手数料は無料） | 年0.5%以下 | 信託財産留保額（解約時手数料）無料 | |
| | 海外型 | | 年0.75%以下 | | |
| アクティブ投信 | 国内型 | | 年1.0%以下 | | 以下の条件をすべて満たすこと。<br>・純資産額50億円以上<br>・信託開始以降5年以上経過<br>・信託期間中の2/3以上で資金流入超 |
| | 海外型 | | 年1.5%以下 | | |

出所：金融庁の公表データを基にモーニングスター作成

証可能なものが対象となるほか、十分な純資産額と安定的な資金流入にも基準が設けられているわけです。これらは長期的に安定した運用を行うための前提条件といえます。

これらの基準をクリアし、金融庁に届け出をし、承認されたつみたてNISAの対象となる投信は、**2018年1月12日時点で138本**あります（**図5-6**）。このうちインデックスファンドは120本、アクティブファンドは15本。このほかETFが3本、対象商品になっています。

### 図5-6 ■ つみたてNISA資産別の本数

〈インデックスファンド〉

| 単一指数／複数指数 | 国内型／海外型 | 指定指数名称 | 本数 |
|---|---|---|---|
| 単一指数（株式型） | 国内型 | TOPIX | 12 |
| | | 日経平均株価 | 14 |
| | | JPX日経インデックス400 | 5 |
| | 海外型 | MSCI ACWI index | 4 |
| | | FTSE Global All Cap Index | 2 |
| | | MSCI World index（MSCIコクサイ・インデックス） | 15 |
| | | FTSE Developed All Cap Index | 1 |
| | | S&P500 | 3 |
| | | CRSP U.S. Total Market Index | 1 |
| | | MSCI Emerging Markets Index | 10 |
| | | FTSE Emerging Index | 1 |
| | | FTSE RAFI Emerging Index | 1 |
| 複数指数（バランス型） | 国内型 | 2指数 | 1 |
| | | 3指数 | 2 |
| | 海外型 | 2指数 | 1 |
| | | 3指数 | 1 |
| | | 4指数 | 16 |
| | | 5指数 | 2 |
| | | 6指数 | 8 |
| | | 7指数 | 2 |
| | | 8指数 | 18 |

インデックスファンドの合計：**120本**

〈アクティブファンド〉

| 資産の区分 | 分類 | 本数 |
|---|---|---|
| 国内型 | 株式 | 6 |
| | 株式及び公社債 | 1 |
| 海外型 | 株式 | 2 |
| | 株式及び公社債 | 4 |
| | 株式及びREIT | 1 |
| | 株式、公社債及びREIT | 1 |

アクティブファンドの合計：**15本**

〈ETF〉

| 指定指数名称 | 本数 |
|---|---|
| TOPIX | 1 |
| 日経平均株価 | 1 |
| JPX日経インデックス400 | 1 |

ETFの合計：**3本**

※出所：金融庁、2018年1月12日現在

# 4 この通り買えばOK！つみたてNISA「おすすめ7本」&ポートフォリオ例

つみたてNISAでインデックスファンドを積み立てるなら、資産クラス別に最もコストが低いものを組み合わせてポートフォリオをつくるのが望ましいといえるでしょう。

先に私がご紹介した「つみたてNISAで10年以上、積み立て投資を継続する場合にお勧めのポートフォリオ」は、**株式100%で「国内株式20%、先進国株式50%、新興国株式30%」**です。このポートフォリオを組むには、「TOPIXに連動する国内株式型インデックスファンド」「先進国株式インデックスファンド」「新興国株式インデックスファンド」の3つがあればOKです。

なお、国内株式型インデックスファンドについては日経平均株価に連動するタイプもありますが、日経平均株価の対象銘柄は225、TOPIXは約2000で、TOPI

図5-7① ■ 国内株式型インデックスファンド

| | ファンド名 | 運用会社名 | 信託報酬（税込%） |
|---|---|---|---|
| 1 | eMAXIS Slim 国内株式インデックス | 三菱UFJ国際投信 | 0.172 |
| 1 | 〈購入・換金手数料なし〉ニッセイ TOPIX インデックスファンド | ニッセイアセットマネジメント | 0.172 |
| 3 | 三井住友・DCつみたてNISA・日本株インデックスファンド | 三井住友アセットマネジメント | 0.173 |
| 4 | iFreeTOPIXインデックス | 大和証券投資信託委託 | 0.184 |
| 4 | Smart-i TOPIXインデックス | りそなアセットマネジメント | 0.184 |
| 4 | たわらノーロード TOPIX | アセットマネジメントOne | 0.184 |
| 4 | i-SMT TOPIXインデックス（ノーロード） | 三井住友トラストアセットマネジメント | 0.184 |

※モーニングスター作成、2018年1月19日時点

Xに連動するもののほうがより銘柄の分散を図れます。このため、私はTOPIXに連動するものをお勧めしています。

これらの資産クラス別に、つみたてNISA対象商品のインデックスファンドを信託報酬の低い順でランキングしたのが**図5-7①～③**です。

TOPIX連動型の国内株式型インデック

**図5-7② ■ 先進国株式型インデックスファンド**

| | ファンド名 | インデックス名 | 運用会社名 | 信託報酬（税込%） |
|---|---|---|---|---|
| 1 | EXE－i つみたて先進国株式ファンド | FTSE デベロップド・オールキャップ・インデックス（円ベース） | SBI アセットマネジメント | 0.116 |
| 2 | eMAXIS Slim 先進国株式インデックス | MSCIコクサイ（円ベース） | 三菱UFJ国際投信 | 0.118 |
| 3 | 〈購入・換金手数料なし〉ニッセイ 外国株式インデックスファンド | MSCIコクサイ（円ベース） | ニッセイ アセットマネジメント | 0.204 |
| 4 | iFree外国株式インデックス（為替ヘッジなし） | MSCIコクサイ（円ベース） | 大和証券投資信託委託 | 0.205 |
| 4 | i-SMT グローバル株式インデックス（ノーロード） | MSCIコクサイ（円ベース） | 三井住友トラスト・アセットマネジメント | 0.205 |
| 6 | つみたて先進国株式 | MSCIコクサイ（円ベース） | 三菱UFJ国際投信 | 0.216 |
| 6 | Smart-i 先進国株式インデックス | MSCIコクサイ（円ベース） | りそな アセットマネジメント | 0.216 |
| 6 | たわらノーロード先進国株式 | MSCIコクサイ（円ベース） | アセットマネジメント One | 0.216 |

※モーニングスター作成、2018年1月19日時点

スファンドで最もコストが低いのは「eMAXIS Slim 国内株式インデックス」（三菱UFJ国際投信）と、「〈購入・換金手数料なし〉ニッセイTOPIXインデックスファンド」（ニッセイアセットマネジメント）の2つで、信託報酬は0・172%です（**図5-7①**）。

**図5-7②**の先進国株式インデックスファ

### 図5-7③ ■ 新興国株式型インデックスファンド

| | ファンド名 | インデックス名 | 運用会社名 | 信託報酬（税込％） |
|---|---|---|---|---|
| 1 | EXE-I つみたて新興国株式ファンド | FTSE エマージングインデックス(円ベース) | SBIアセットマネジメント | 0.195 |
| 2 | eMAXIS Slim 新興国株式インデックス | MSCIエマージング・マーケット(円ベース) | 三菱UFJ国際投信 | 0.205 |
| 3 | i-SMT 新興国株式インデックス(ノーロード) | MSCIエマージング・マーケット(円ベース) | 三井住友トラストアセットマネジメント | 0.356 |
| 3 | <購入・換金手数料なし>ニッセイ 新興国株式インデックスファンド | MSCIエマージング・マーケット(円ベース) | ニッセイアセットマネジメント | 0.366 |
| 5 | つみたて新興国株式 | MSCIエマージング・マーケット(円ベース) | 三菱UFJ国際投信 | 0.367 |
| 5 | Smart-i 新興国株式インデックス | MSCIエマージング・マーケット(円ベース) | りそなアセットマネジメント | 0.367 |
| 5 | iFree 新興国株式インデックス | FTSE RAFI エマージングインデックス(円ベース) | 大和証券投資信託委託 | 0.367 |
| 5 | たわらノーロード新興国株式 | MSCIエマージング・マーケット(円ベース) | アセットマネジメントOne | 0.367 |

※モーニングスター作成、2018年1月19日時点

ンドでは、「EXE－i つみたて先進国株式ファンド」（SBIアセットマネジメント）が信託報酬0・116%と圧倒的に低い水準になっています。

**図5－7③**の新興国株式インデックスファンドでは、「EXE－i つみたて新興国株式ファンド」（SBIアセットマネジメント）が信託報酬0・195%で、最低水準です。

## ▼低コストで世界中に分散して株100％で運用できる投信

このほかに注目したいのは「全世界株式型インデックスファンド」です。

これは、「MSCIオール・カントリー（除く日本、円ベース）」や「FTSEグローバル・オールキャップ・インデックス（円換算ベース）」など、世界の株式市場の動きを表す指数に連動するように運用される投信です。

これらは、1本だけで世界中の株式に分散して投資できるうえ、ものによってはおどろくほど信託報酬が低いものもあります。

私がお勧めする「**国内株式20％、先進国株式50％、新興国株式30％**」という比率にはなりませんが、低コストで世界中に分散して株100％で運用できる投信ですから利用を検討してもいいと思います。

なお、「MSCIオール・カントリー」と「FTSEグローバル・オールキャップ・インデックス」では、同じ「世界の株式」といっても中身が違うことを知っておきましょう。株の銘柄は時価総額の大きさによって「大型株」「中型株」「小型株」と分類されるのですが、「FTSEグローバル・オールキャップ・インデックス」が大型から小型まで幅広く含む一方、「MSCIオール・カントリー」は小型株は含みません。より分散を図るとい

### 図5-8 ■ 全世界株式型インデックスファンド

| | ファンド名 | インデックス名 | 運用会社名 | 信託報酬（税込%） |
|---|---|---|---|---|
| 1 | EXE-i つみたてグローバル（中小型含む）株式ファンド | FTSEグローバル・オールキャップ・インデックス（円換算ベース） | SBIアセットマネジメント | 0.150 |
| 2 | 野村 つみたて外国株投信 | MSCIオール・カントリー（除く日本、円ベース） | 野村アセットマネジメント | 0.205 |
| 3 | 楽天・全世界株式インデックス・ファンド | FTSEグローバル・オールキャップ・インデックス（円換算ベース） | 楽天投信投資顧問 | 0.239 |
| 4 | 三井住友・DCつみたてNISA・全海外株インデックスファンド | MSCIオール・カントリー（除く日本、円ベース） | 三井住友アセットマネジメント | 0.270 |

※モーニングスター作成、2018年1月19日時点

う観点では、「FTSEグローバル・オールキャップ・インデックス」に連動するタイプに軍配が上がります。

つみたてNISAで対象となっている全世界株式型インデックスファンドを信託報酬でランキングしたのが**図5-8**です。

最も信託報酬が低いのは、FTSEグローバル・オールキャップ・インデックスに連動する「EXE-iつみたてグローバル（中小型含む）株式ファンド」（SBIアセットマネジメント）で0・150％です。

なお、「MSCIオール・カントリー」に連動するタイプでコストが最も低いのは「野村つみたて外国株投信」（野村アセットマネジメント）です。

## ▼おすすめの2本はこれ

これらに加えて、お勧め銘柄としてあと2本、紹介します（**図5-9**）。

1つは「楽天・全米株式インデックス・ファンド」（楽天投信投資顧問）です。この投信は「バンガード・トータル・ストック・マーケットETF」に投資し、「CRSP USトータル・マーケット・インデックス（円換算ベース）」に連動するよう運用されています。米国株式全体を1本でカバーでき、信託報酬は0・170％と非常に低廉です。

先にご説明したように、世界の企業の時価総額ランキングに名前を連ねるのは大半が米国企業で、世界の巨大な未公開企業の企業価値ランキングでも上位10社のうち8社を米国企業が占めています。このような状況を鑑みれば、米国株への投資割合を高めたいと考える方もいるでしょう。

そのような場合には「楽天・全米株式インデックス・ファンド」がポートフォリオへの組み入れ候補になります。たとえば「国内株式20％、先進国株式50％、新興国株式30％」

というポートフォリオを組む際、先進国株式のうち半分を「楽天・全米株式インデックス・ファンド」にするといった活用法が考えられます。

もう1つは、いわゆるバランス型ファンドの「eMAXIS Slim バランス（8資産均等型）」（三菱UFJ国際投信）です。この投信は「国内株式」「先進国株式」「新興国株式」「国内債券」「先進国債券」「新興国債券」「国内REIT」「先進国REIT」という8つの資産を均等に、それぞれ12・5％ずつ組み入れたものです。

再三ご説明しているとおり、私は**10年を超える運用期間をとれる場合には、「株式100％」のポートフォリオで運用することをお勧め**しています。先に触れたとおり債券は積み立て投資のメリットが大きくはないため、積み立てによる長期資産形成の際にはポートフォリオに組み入れなくてもよいと考えています。

しかし、みなさんの中には「10年以上の運用期間はとれない」という方もいらっしゃるでしょう。運用期間が5～10年未満となる場合は、債券も組み入れてリスクを低減したポートフォリオで運用するのも、1つの方法でしょう。

この投信は信託報酬が0・227％と、バランス型ファンドの中では非常に低い水準にありますから、候補の1つとして検討してもよいのではないかと思います。

## ▼5年以上10年未満の場合、債券を組み入れたバランス型投信も候補に

ここまでの話を整理しましょう（**図5－9**参照）。

まず、私は10年以上の運用期間をとれる場合、株式１００％で運用するのがよいと思っています。ポートフォリオは「国内株式20％、先進国株式50％、新興国株式30％」とするのがお勧めです。

このポートフォリオをつくるには、①「ｅＭＡＸＩＳ Ｓｌｉｍ 国内株式インデックス」、または「〈購入・換金手数料なし〉ニッセイＴＯＰＩＸインデックスファンド」と、②「ＥＸＥ－ｉ つみたて先進国株式ファンド」、④「ＥＸＥ－ｉ つみたて新興国株式ファンド」を組み合わせるのが、最もコストを抑えられます。

「先進国株式50％」の部分については、米国株式の組み入れを増やしたい場合、一部を③「楽天・全米株式インデックス・ファンド」にしてもいいでしょう。

「自分でポートフォリオを組むのは面倒だから1本で済ませたい」という方にとっては、全世界の株式に分散して投資するファンドが候補になります。コストが最も低廉なのは、⑤「ＥＸＥ－ｉ つみたてグローバル（中小型含む）株式ファンド」や⑥「野村つみたて外国株投信」です。

### 図5-9 ■「つみたてNISA」おすすめの7本

| | | ファンド名 | インデックス名 | 運用会社名 | 信託報酬（税込%） |
|---|---|---|---|---|---|
| 1 | 国内株式 | eMAXIS Slim 国内株式インデックス | TOPIX | 三菱UFJ国際投信 | 0.172 |
| 2 | 先進国株式 | EXE−i つみたて先進国株式ファンド | FTSE デベロップド・オールキャップ・インデックス（円ベース） | SBIアセットマネジメント | 0.116 |
| 3 | 米国株式 | 楽天・全米株式インデックス・ファンド | CRSP U.S.Total Market Index | 楽天投信投資顧問 | 0.170 |
| 4 | 新興国株式 | EXE-iつみたて新興国株式ファンド | FTSE エマージング インデックス（円ベース） | SBIアセットマネジメント | 0.195 |
| 5 | 全世界株式 | EXE-iつみたてグローバル（中小型含む）株式ファンド | FTSEグローバル・オールキャップ・インデックス（円換算ベース） | SBIアセットマネジメント | 0.150 |
| 6 | | 野村 つみたて外国株投信 | MSCIオール・カントリー（除く日本、円ベース） | 野村アセットマネジメント | 0.205 |
| 7 | バランス | eMAXIS Slimバランス（8資産均等型） | 資産 | 三菱UFJ国際投信 | 0.227 |

※モーニングスター作成、2018年1月19日時点

運用期間が5年以上10年未満の場合は、債券を組み入れたバランス型投信も候補になりえます。コストの観点から、お勧めできるのは株、債券、REITを組み入れた⑦「eMAXIS Slimバランス（8資産均等型）」です。

以上の7本が、私の**「つみたてNISAおすすめの7本」**となります。

## 5 つみたてNISA、どの金融機関で何をどう買うか

つみたてNISAの対象商品138本からお勧めの7本をご紹介しましたが、先にご説明したとおり、金融機関によって取り扱い商品は異なります。私が挙げたお勧めの7本以外のものだけ取り扱っているところもあります。

ですから、つみたてNISAを始める際には、どの金融機関で何が買えるのかを確認したうえで口座を開くことが大切です。

**つみたてNISA対象商品の取り扱い数が多いのは、ネット証券**です。サービスの充実度などの観点から、有力候補になるのはSBI証券か楽天証券でしょう。

もっとも、読者のみなさんの中には、「自分がいつも取り引きしている銀行でつみたてNISAも利用したい」という方もいらっしゃると思います。

多くの銀行は、つみたてNISAのために従来よりコストの低いインデックスファンドをそろえていますから、私が挙げた「7本」に無理にこだわらず、付き合いのある銀行を利用してもいいでしょう。

## ▼何を、どう買えばいいのか?

ここからは、各金融機関の取扱商品をふまえ、具体的に「何をどう買えばいいか」をご紹介したいと思います。

なお、積み立て額の設定の自由度は販売会社によって異なります。SBI証券と楽天証券は100円以上1円単位で設定できますが、銀行によっては毎月の積み立て額を作りたいポートフォリオの比率通りに設定できないケースも考えられます。その場合は、おおよその比率通りになる金額で設定してください。

### ●【SBI証券の「つみたてNISA」お勧めポートフォリオ】

SBI証券では、私が紹介した「おすすめ7本」をすべて取り扱っています。

資産クラス別に3本のインデックスファンドを使ってポートフォリオを組む場合には、

**国内株式／eMAXIS Slim 国内株式インデックス……20%**
**先進国株式／EXE－i つみたて先進国株式ファンド……50%**
**新興国株式／EXE－i つみたて新興国株式ファンド……30%**

の割合で積み立てるのがお勧めです。このポートフォリオ全体のコスト（各投信の信託報酬を加重平均したもの）は、0.151％と非常に低くなります。

株式100％の運用を1本のファンドで済ませたい方は、EXE－i つみたてグローバル（中小型含む）株式ファンド」を選びましょう。信託報酬は0.150％です（**図5－10**）。

## ●【楽天証券の「つみたてNISA」お勧めポートフォリオ】

楽天証券では、「おすすめ7本」すべてを取り扱っているわけではありません。そこで、先にご紹介した資産クラス別の信託報酬ランキング上位の投信のうち、楽天証券が取り扱っているものでポートフォリオを組んでみましょう。

## 図5-10 ■ SBI証券の「つみたてNISA」のおすすめポートフォリオ

### 個別ファンドの組み合わせ

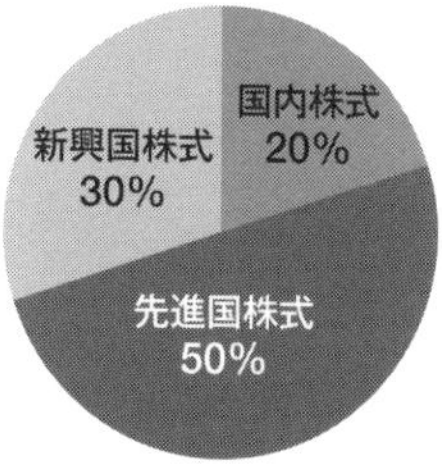


| カテゴリー | ファンド名 | 構成比 | 信託報酬（税込%） | 加重平均コスト（税込%） |
|---|---|---|---|---|
| 国内株式 | eMAXIS Slim日本株式インデックス | 20% | 0.172 | 0.034 |
| 先進国株式 | EXE－iつみたて 先進国株式ファンド | 50% | 0.116 | 0.058 |
| 新興国株式 | EXE-iつみたて 新興国株式ファンド | 30% | 0.195 | 0.059 |
| | ポートフォリオ全体 | 100% | | 0.151 |

※2018年1月19日現在

### 株式全体のバランスファンド

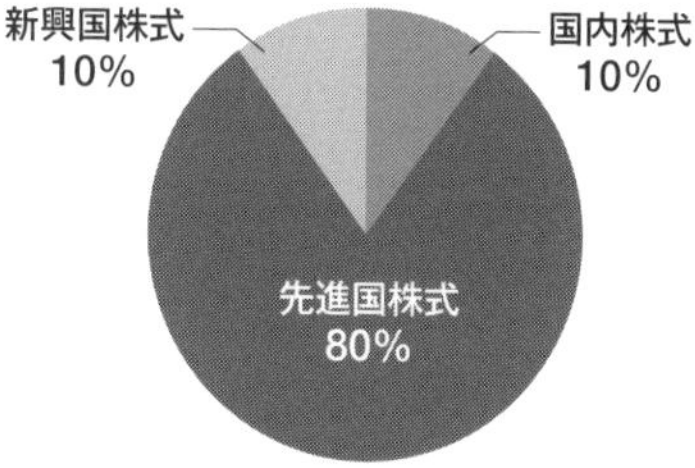


| カテゴリー | ファンド名 | 構成比 | 信託報酬（税込%） |
|---|---|---|---|
| 全世界株式 | EXE-i つみたて グローバル（中小型含む）株式ファンド | 100% | 0.150 |

ベンチマーク：FTSEグローバル・オールキャップ・インデックス（円換算ベース）

**国内株式／eMAXIS Slim 国内株式インデックス……20%**
**先進国株式／eMAXIS Slim 先進国株式インデックス……50%**
**新興国株式／eMAXIS Slim 新興国株式インデックス……30%**

このポートフォリオ全体のコストは、0.155%です。

株式100%の運用を1本のファンドで済ませたい方は、「楽天・全世界株式インデックス・ファンド」(楽天投信投資顧問)が候補になります。信託報酬は0.239%です(**図5-11**)。

## ●「つみたて」シリーズ取り扱い銀行のお勧めポートフォリオ

三菱UFJ国際投信が運用するインデックスファンド「つみたて」シリーズは、つみたてNISA向けに作られた商品です。三菱東京UFJ銀行、ゆうちょ銀行などの大手行のほか、横浜銀行や千葉銀行、福岡銀行など数多くの地方銀行が採用しています。この「つみたて」シリーズでポートフォリオを組む場合には、

## 図5-11 ■ 楽天証券の「つみたてNISA」のおすすめポートフォリオ

### 個別ファンドの組み合わせ

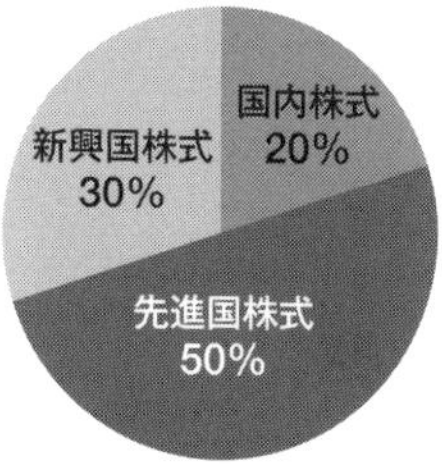


| カテゴリー | ファンド名 | 構成比 | 信託報酬（税込%） | 加重平均コスト（税込%） |
|---|---|---|---|---|
| 国内株式 | eMAXIS Slim日本株式インデックス | 20% | 0.172 | 0.034 |
| 先進国株式 | eMAXIS Slim 先進国株式インデックス | 50% | 0.118 | 0.059 |
| 新興国株式 | eMAXIS Slim 新興国株式インデックス | 30% | 0.205 | 0.062 |
| | ポートフォリオ全体 | 100% | | 0.155 |

※2018年1月19日現在

### 株式全体のバランスファンド

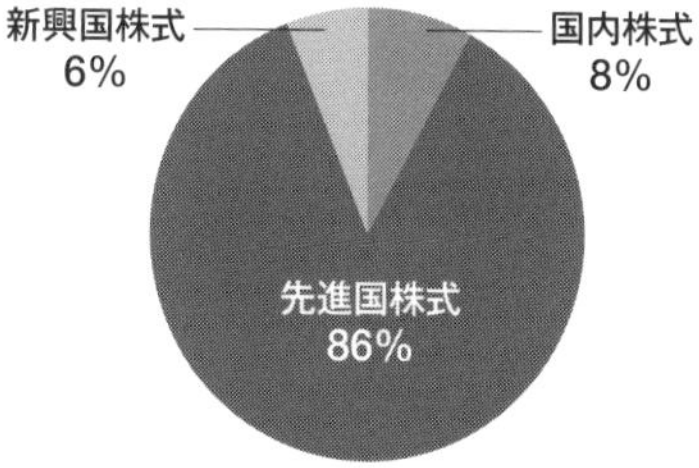


| カテゴリー | ファンド名 | 構成比 | 信託報酬（税込%） |
|---|---|---|---|
| 全世界株式 | 楽天・全世界株式インデックス・ファンド | 100% | 0.239 |

ベンチマーク：FTSEグローバル・オールキャップ・インデックス（円換算ベース）

**国内株式／つみたて日本株式（TOPIX）……20％**
**先進国株式／つみたて先進国株式……50％**
**新興国株式／つみたて新興国株式……30％**

の割合で積み立てるのがお勧めです。このポートフォリオ全体のコストは、0・257％となります（**図5-12**）。

「おすすめ7本」で組んだポートフォリオと比較すると少々コストが高めといえますが、金融庁が「低コスト」のインデックスファンドの具体的基準として「**国内型は0・5％以下、海外型は0・75％以下**」と定めていることからもおわかりいただけるように、このポートフォリオも十分に低コストだと言っていいでしょう。

### ●【「たわらノーロード」シリーズ取り扱い銀行のお勧めポートフォリオ】

アセットマネジメントOneが運用するインデックスファンド「たわらノーロード」シリーズを採用している銀行もあります。北洋銀行、七十七銀行、肥後銀行などです。

図5-12 ■「つみたて」シリーズのおすすめポートフォリオ

個別ファンドの組み合わせ

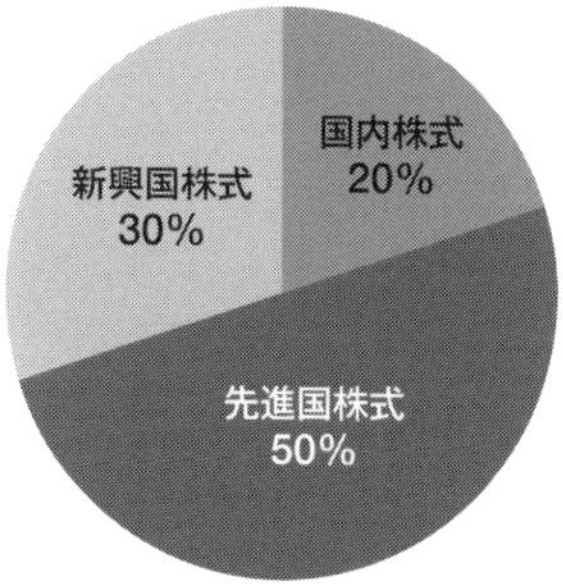


| カテゴリー | ファンド名 | 構成比 | 信託報酬（税込%） | 加重平均コスト（税込%） |
|---|---|---|---|---|
| 国内株式 | つみたて日本株式（TOPIX） | 20% | 0.194 | 0.039 |
| 先進国株式 | つみたて先進国株式 | 50% | 0.216 | 0.108 |
| 新興国株式 | つみたて新興国株式 | 30% | 0.367 | 0.110 |
| | ポートフォリオ全体 | 100% | | 0.257 |

※2018年1月19日現在

「たわらノーロード」シリーズでポートフォリオを組むには、

**国内株式／たわらノーロードTOPIX……20％**
**先進国株式／たわらノーロード先進国株式……50％**
**新興国株式／たわらノーロード新興国株式……30％**

の割合で積み立てる

**図5-13 ■「たわらノーロード」シリーズのおすすめポートフォリオ**

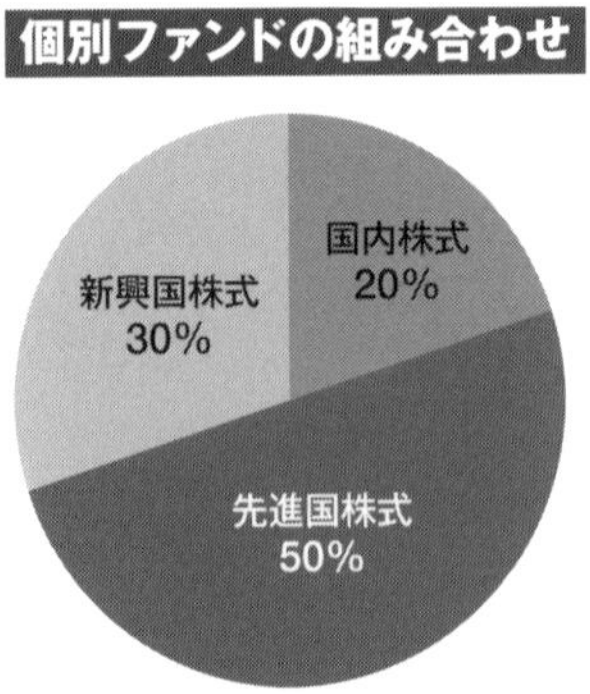


| カテゴリー | ファンド名 | 構成比 | 信託報酬（税込%） | 加重平均コスト（税込%） |
|---|---|---|---|---|
| 国内株式 | たわらノーロードTOPIX | 20% | 0.184 | 0.037 |
| 先進国株式 | たわらノーロード先進国株式 | 50% | 0.216 | 0.108 |
| 新興国株式 | たわらノーロード新興国株式 | 30% | 0.367 | 0.110 |
| | ポートフォリオ全体 | 100% | | 0.255 |

※2018年1月19日現在

のがお勧めです。このポートフォリオ全体のコストは、０・２５５％となります（**図５－13**）。

### ●【「ｉＦｒｅｅ」シリーズ取り扱い銀行のお勧めポートフォリオ】

大和投信が運用するインデックスファンド「ｉＦｒｅｅ」シリーズを採用している銀行には、イオン銀行、武蔵野銀行、山口銀行などがあります。

「iFree」シリーズでポートフォリオを組むには、

**国内株式/iFree TOPIXインデックス……20%**

**先進国株式/iFree 外国株式インデックス(為替ヘッジなし)……50%**

**新興国株式/iFree 新興国株式インデックス……30%**

の割合で積み立てるのがお勧めです。このポートフォリオ全体のコストは、0・250%となります(**図5-14**)。

### 図5-14 ■「iFree」シリーズのおすすめポートフォリオ

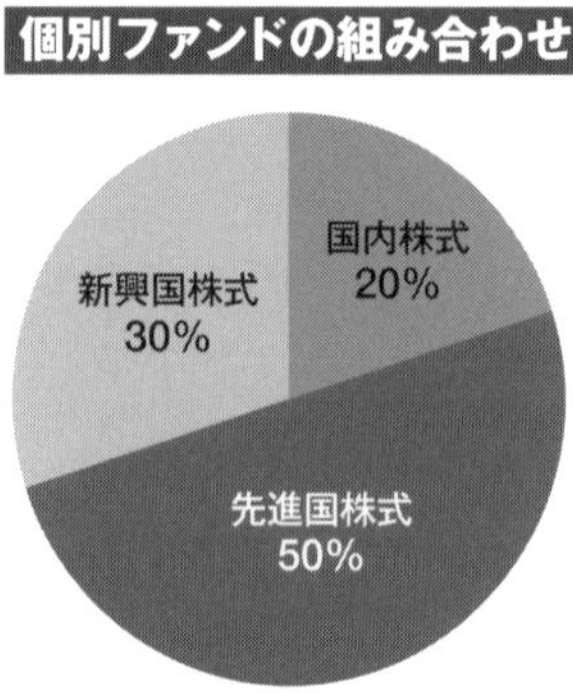


| カテゴリー | ファンド名 | 構成比 | 信託報酬（税込%） | 加重平均コスト（税込%） |
|---|---|---|---|---|
| 国内株式 | iFreeTOPIXインデックス | 20% | 0.184 | 0.037 |
| 先進国株式 | iFree外国株式インデックス（H無） | 50% | 0.205 | 0.103 |
| 新興国株式 | iFree新興国株式インデックス | 30% | 0.367 | 0.110 |
| | ポートフォリオ全体 | 100% | | 0.250 |

※2018年1月19日現在

## 6 つみたてNISAでアクティブファンドを選ぶ際の注意点

これまでに資産運用の経験がある方、商品選びへの関心が高い方の中には、「つみたてNISAでアクティブファンドによる運用も検討したい」という人もいるかもしれません。

確かに、アクティブファンドの中にはインデックスファンドを上回る好成績をあげているものも存在します。ポートフォリオの一部にアクティブファンドを組み入れてリターンを高めることを狙うのも1つの方法です。

ただし、先にご説明したように、アクティブファンドは選ぶときに運用内容などについてよく調べる必要があるほか、仮に積み立てを始めたとしたら、その後も年に1度程度は運用体制等に変化がないかどうかチェックしなくてはなりません。少々手間がかかるので、それが苦にならない人に向くといえます。

以上をふまえ、ここで一般的なアクティブファンドの選び方について紹介し、つみたてＮＩＳＡの対象商品となっているものの中でポートフォリオに組み入れてよいものがあるかどうかを検討していきましょう。

## ▼これまでの運用実績が優れているかをチェック

ここでみなさんは、「つみたてＮＩＳＡの対象商品になっているなら、すでに『いい投信』が選ばれているのでは？」と思ったかもしれません。２０１８年1月12日時点でつみたてＮＩＳＡの対象となっているアクティブファンドは、たった15本のみですから、かなり厳選された商品群だというイメージを持つ方は多いでしょう。

しかしアクティブファンドについては、金融庁が定めている基準をクリアしたものがすべて『いい投信』とは限りません。というのも、**金融庁の基準には「過去の運用実績」は含まれていない**からです。積み立てを検討するなら、これまでの運用実績が優れているといえるのかどうかをチェックする必要があります。

それでは、アクティブファンド選びの基準を簡単にご紹介しましょう（**図5-15**）。

まずチェックしたいのは、**（1）運用実績**です。これは目先のパフォーマンスではなく、

図5-15 ■「つみたてNISA」向けのアクティブファンドを選ぶポイント

**(1)過去の運用実績を確認**
①トータルリターン
②シャープレシオ

**(2)コストを確認**
信託報酬を確認する

**(3)ポートフォリオの中身を確認**
組み入れ上位銘柄を確認する

長期的に見て安定的にリターンを上げているかどうかを見る必要があります。そのためには、**①トータルリターン**と**②シャープレシオ**を確認しましょう。

個別の投信の運用実績は、モーニングスターのウェブサイト(https://www.morningstar.co.jp)で調べることができます。ここでは、**図5-16**の「年金積立Jグロース」(日興アセットマネジメント)の画面を例に、ポイントをご説明します。

まず、①トータルリターンについて見てみましょう。

## ▼過去5年間のトータルリターンとカテゴリー平均差をチェック

つみたてＮＩＳＡの対象となるアクティブファンドは、信託開始以降5年以上経過しているものという条件がありますから、どの投信も5年以上の運用実績を持っています。そこで、過去5年間のトータルリターン（年率）と「カテゴリー平均差」を見てみましょう。

カテゴリー平均差というのは、「同じカテゴリーの投信のトータルリターンの平均と比較してどれくらい上回ったか／下回ったか」を示すものです。運用実績が良いかどうかを判断するには、「何と比べるか」も重要です。テストの点数に例えるなら、同じ80点でもクラスの平均点が50点ならかなり良い成績といえますし、逆に平均点が90点ならよい成績とはいえません。

投信の場合は、投資対象となる資産や地域などの観点から内容が似ているものどうし（同じカテゴリーのものどうし）を比べる必要があります。

「年金積立Ｊグロース」のパフォーマンスを見ると、「トータルリターン5年（年率）」が２６・０２％で、カテゴリー平均差はプラス４・５７％であることがわかります（**図5-16①**）。

次に②シャープレシオを見てみましょう。これは、「その投信がどれだけ効率よく運

## 図5-16 ■ モーニングスターの「年金積立Jグロース」の画面

年金積立Jグロース 『愛称 ： つみたてJグロース』 ★★★★★

投信会社名：日興アセットマネジメント

| 基準価額 | 前日比 | 純資産 | カテゴリー | リスクメジャー |
|---|---|---|---|---|
| 25,711円 | ⬇146円 (0.56%) | 19,927百万円 | 国内大型グロース | 3 (平均的) |
| 2017年12月15日 | | | 評価基準日 2017年11月30日 | |

スナップショット リターン チャート 分配金 レーティング&リスク コスト ポートフォリオ ニュース 販売会社 目論見書

| 基準価額（円） | 分配金込み-再投資（円） | 純資産（百万円）

期間：1年 2017/03/10 ■20,889円 ■20,889円 ■14,288百万円

0231Q01A 2001103104

### ファンドの特色

主要投資対象は、日本の金融商品取引所上場株式。成長性が高く株主への利益還元が期待できる企業の株式に投資を行い、TOPIX(東証株価指数)の動きを上回る投資成果の獲得をめざす。直接企業を訪問し収集した情報・データをもとに勝ち組成長企業を厳選する。株式の実質組入比率は、基本的に高位を維持する。ファミリーファンド方式で運用。6月決算。

### コスト　詳しく見る

信託報酬率（税込） 0.89%

フィーレベル 安い

安い　平均より安い　平均的　平均より高い　高い

*フィーレベル・カテゴリー：国内株大型・アクティブ

期間の変更： 1年 3年 さらに詳しいチャートへ

他のファンドや指数と比較 比較可能な指数は100以上

より良いファンドに見直す より優秀なファンドを抽出

購入（分配）シミュレーション 購入手数料や口数、分配金を計算

積立購入シミュレーション もし5年前に積立を始めていたら?

### パフォーマンス　詳しく見る

| 年 | 1年 | 3年（年率） | 5年（年率） | 10年（年率） |
|---|---|---|---|---|
| ❶トータルリターン | 32.87% | 14.35% | 26.02% | 5.26% |
| カテゴリー | 28.38% | 11.08% | 21.45% | 4.04% |
| +/- カテゴリー | +4.49% | +3.27% | +4.57% | +1.22% |
| 順位 | 42位 | 16位 | 8位 | 16位 |
| %ランク | 20% | 11% | 7% | 16% |
| ファンド数 | 213本 | 155本 | 127本 | 104本 |
| 標準偏差 | 7.01 | 14.36 | 16.13 | 19.81 |
| カテゴリー | 8.05 | 16.08 | 16.62 | 20.34 |
| +/- カテゴリー | -1.04 | -1.72 | -0.49 | -0.53 |
| 順位 | 62位 | 15位 | 29位 | 29位 |
| %ランク | 30% | 10% | 23% | 28% |
| ファンド数 | 213本 | 155本 | 127本 | 104本 |
| ❷シャープレシオ | 4.69 | 1.00 | 1.61 | 0.26 |
| カテゴリー | 3.62 | 0.70 | 1.29 | 0.20 |
| +/- カテゴリー | +1.07 | +0.30 | +0.32 | +0.06 |
| 順位 | 41位 | 11位 | 9位 | 9位 |

### 分配金履歴　詳しく見る

| | | | |
|---|---|---|---|
| 2017年06月26日 | 10円 | 2011年06月27日 | 10円 |
| 2016年06月27日 | 10円 | 2010年06月25日 | 10円 |
| 2015年06月25日 | 10円 | 2009年06月25日 | 10円 |
| 2014年06月25日 | 10円 | 2008年06月25日 | 10円 |
| 2013年06月25日 | 10円 | 2007年06月25日 | 10円 |
| 2012年06月25日 | 10円 | 2006年06月26日 | 10円 |

### レーティング （対 カテゴリー内のファンド）　詳しく見る

総合 ★★★★★

| | モーニングスター レーティング | モーニングスター リターン | 標準偏差 |
|---|---|---|---|
| 3年 | ★★★★★ | 高い | 小さい |
| 5年 | ★★★★★ | 高い | やや小さい |
| 10年 | ★★★★ | 高い | やや小さい |

### リスクメジャー （対 全ファンド）　詳しく見る

| | |
|---|---|
| 3年 | 3(平均的) |
| 5年 | 3(平均的) |
| 10年 | 3(平均的) |
| 総合 | 3(平均的) |

用されているか」を示す数値です。投信は、「リターンが同じならリスクが低いものを、リスクが同じならリターンが高いものを選ぶ」のが原則です。しかしリスクとリターンは投信によってまちまちなので、その数字だけ見て比較するのは面倒です。

そこで、複数の投信を比較する際に使うのがシャープレシオです。シャープレシオは、「リターン÷リスク」で計算します。つまり、**シャープレシオが大きいほど運用の効率性は高い**ということです。

「年金積立Jグロース」の「シャープレシオ5年」は1・61、カテゴリー平均差はプラス0・32となっています(**5-16②**)。

次にチェックしたいのは、**(2)コスト(信託報酬)**です。

先にご説明したとおり、運用期間中ずっとかかり続ける信託報酬は運用成績への影響が大きいので、高いものは避けるべきです。

金融庁が定めた基準では、アクティブファンドは国内型が年1・0%以下、海外型が年1・5%以下となっていますが、私はコストについてはより厳しく、**信託報酬は1%程度までを上限にしたほうがいい**と考えています。

もう1つのチェックポイントは、**(3)ポートフォリオの中身**です。

アクティブファンドの中には、「アクティブ」と言いながらも運用の中身がインデックスファンドと似通っているものが少なからず存在します。そのような投信はインデックスファンドより高いパフォーマンスを上げ続けるのが難しく、中長期的にはコストが高い分だけインデックスファンドに負ける可能性が高いといえます。

また、ポートフォリオを組むときに「国内株式投信についてはインデックスファンドとアクティブファンドを半分ずつ組み入れよう」と考えた場合、インデックスファンドとアクティブファンドの銘柄が重複しているのは、銘柄を幅広く分散させるという観点からは好ましくありません。

ですから、**アクティブファンドを選ぶ際は月報などで組み入れ上位銘柄を確認**し、「インデックスファンドとの重複がないかどうか」を確認したほうがいいでしょう。

なお、一般にアクティブファンドを選ぶ際は「純資産総額」や「資金が安定的に流入しているかどうか」のチェックも必要ですが、つみたてNISA対象商品になっているのはこれらの基準をクリアしたものとなっています。

図5-17 ■ アクティブファンドの比較(1) 国内大型株式

| ファンド名 | 年金積立 Jグロース | コモンズ 30ファンド | 大和住銀DC 国内株式ファンド | ニッセイ 日本株ファンド |
|---|---|---|---|---|
| カテゴリー名 | 国内大型グロース | 国内大型グロース | 国内大型バリュー | 国内大型バリュー |
| 運用会社名 | 日興アセットマネジメント | コモンズ投信 | 大和住銀投信投資顧問 | ニッセイアセットマネジメント |
| 純資産残高(百万円) | 20,021 | 11,689 | 12,176 | 84,700 |
| トータルリターン3年(年率) | 14.35% | 11.51% | 9.74% | 10.07% |
| トータルリターン3年(年率)カテゴリー平均差 | +3.27% | +0.43% | +1.02% | +1.35% |
| トータルリターン5年(年率) | 26.02% | 19.43% | 19.39% | 19.12% |
| トータルリターン5年(年率)カテゴリー平均差 | +4.57% | **-2.02%** | +1.08% | +0.81% |
| シャープレシオ3年 | 1.00 | 0.75 | 0.58 | 0.59 |
| シャープレシオ3年カテゴリー平均差 | +0.30 | +0.05 | +0.09 | +0.10 |
| シャープレシオ5年 | 1.61 | 1.30 | 1.17 | 1.15 |
| シャープレシオ5年カテゴリー平均差 | +0.32 | +0.01 | +0.15 | +0.13 |
| 信託報酬等(税込) | 0.89% | 1.06% | 1.03% | 1.08% |

※モーニングスター作成、2017年11月末時点

## ▼有力候補は「年金積立Jグロース」だが……

以上、(1)~(3)のチェックポイントをふまえ、つみたてNISA対象商品のアクティブファンドについて具体的に見ていきましょう。

**図5-17**は、モーニングスターの分類をもとに「国内大型株式」を投資対象とする商品4本のデータをまとめたものです。

### 図5-18 ■ 年金積立Jグロースのポートフォリオの中身

| 組入上位 | TOPIX 銘柄名 | 比率 |
|---|---|---|
| 1 | トヨタ自動車 | 3.3% |
| 2 | 三菱UFJフィナンシャル・グループ | 2.2% |
| 3 | ソフトバンクグループ | 1.6% |
| 4 | 日本電信電話 | 1.6% |
| 5 | ソニー | 1.4% |
| 6 | 三井住友フィナンシャルグループ | 1.3% |
| 7 | 本田技研工業 | 1.3% |
| 8 | キーエンス | 1.2% |
| 9 | KDDI | 1.1% |
| 10 | 任天堂 | 1.1% |

| 組入上位 | 年金積立Jグロース 銘柄名 | 比率 |
|---|---|---|
| 1 | マクロミル | 3.1% |
| 2 | キーエンス | 3.0% |
| 3 | ソニー | 2.5% |
| 4 | 朝日インテック | 2.2% |
| 5 | 三菱UFJフィナンシャル・グループ | 2.2% |
| 6 | 信越化学工業 | 2.2% |
| 7 | ニトリホールディングス | 2.2% |
| 8 | スズキ | 2.1% |
| 9 | ダイキン工業 | 2.0% |
| 10 | リログループ | 2.0% |

※モーニングスター作成
「TOPIX」は2017年11月末現在、「年金積立Jグロース」は2017年11月末現在の月報を参照

過去の運用実績については、トータルリターン、シャープレシオを見ると、有力候補になりそうなのは「年金積立Jグロース」です。コスト面でも「年金積立Jグロース」は0.89%とほかの投信より低い点が評価ポイントとなります。

では、「年金積立Jグロース」のポートフォリオの中身はどうなっているのでしょうか。

図5－18は、ＴＯＰＩＸと「年金積立Ｊグロース」の組み入れ上位10銘柄を比較したものです。キーエンス、ソニー、三菱ＵＦＪフィナンシャル・グループと、10銘柄のうち３銘柄が重複していることがわかります。インデックスファンドとの銘柄の重複は、10銘柄中１～２銘柄程度であれば目をつぶってもよいと思いますが、３銘柄も同じ銘柄というのは好ましいとはいえません。このように見ていくと、図5－17の４つのファンドの中には、積極的にポートフォリオに組み入れたいといえる投信はありません。

同様に、「国内小型株式」を投資対象とする商品３本のデータを見てみましょう（図5－19）。トータルリターン、シャープレシオを見ると、候補として残せそうなのは「ひふみプラス」「ひふみ投信」（レオス・キャピタルワークス）です。ちなみにこの２本は同じマザーファンドで運用されており、中身は同じです。

「ひふみ投信」はレオス・キャピタルワークスが直接販売し、「ひふみプラス」は銀行や証券会社で取り扱いがあります。

「ひふみ」は、信託報酬も許容範囲です。では、ポートフォリオの中身を見てみましょう（図5－20）。

目を引くのは、組み入れ上位銘柄の中にマイクロソフトが入っていることです。実は

### 図5-19 ■ アクティブファンドの比較（2） 国内小型株式

| ファンド名 | ひふみプラス | ひふみ投信 | 結い2101 |
|---|---|---|---|
| カテゴリー名 | 国内小型グロース | 国内小型グロース | 国内小型グロース |
| 運用会社名 | レオス・キャピタルワークス | レオス・キャピタルワークス | 鎌倉投信 |
| 純資産残高（百万円） | 382,687 | 106,486 | 32,571 |
| トータルリターン3年（年率） | 21.61% | 21.53% | 7.42% |
| トータルリターン3年（年率）カテゴリー平均差 | **-0.18%** | **-0.26%** | **-14.37%** |
| トータルリターン5年（年率） | 28.67% | 28.64% | 12.79% |
| トータルリターン5年（年率）カテゴリー平均差 | **-3.00%** | **-3.03%** | **-18.88%** |
| シャープレシオ3年 | 1.65 | 1.64 | 1.02 |
| シャープレシオ3年カテゴリー平均差 | +0.21 | +0.20 | **-0.42** |
| シャープレシオ5年 | 1.97 | 1.96 | 1.50 |
| シャープレシオ5年カテゴリー平均差 | +0.30 | +0.29 | **-0.17** |
| 信託報酬等（税込） | 1.06% | 1.06% | 1.08% |

※モーニングスター作成、2017年11月末時点

「ひふみ」は、従来は国内株式で運用されていましたが、２０１７年から米国株を組み入れ始めています。今後も米国株の組み入れが増える可能性があると考えたほうがよさそうです。ポートフォリオを組む上では、「ひふみ」を入れることで先進国株式インデックスファンドとの銘柄の重複が生じることが気になります。

**図5-20 ■「ひふみプラス」のポートフォリオの中身**

| 組入上位 | ひふみプラス | |
|---|---|---|
| | 銘柄名 | 比率 |
| 1 | 東京センチュリー | 1.7% |
| 2 | 共立メンテナンス | 1.7% |
| 3 | あい ホールディングス | 1.5% |
| 4 | 日本電産 | 1.5% |
| 5 | クレハ | 1.5% |
| 6 | コスモス薬品 | 1.5% |
| △7 | マイクロソフト | 1.5% |
| 8 | アマノ | 1.5% |
| 9 | ルネサスエレクトロニクス | 1.5% |
| 10 | ネットワンシステムズ | 1.4% |

※モーニングスター作成
「TOPIX」は2017年11月末現在、「年金積立Jグロース」は2017年11月末現在の月報を参照

また、「国内株式投信だと思って保有していたのに、米国株の組み入れ割合が高くなってきた」といった状態になると、ポートフォリオの管理がしにくくなる面もあるでしょう。このような理由から、「ひふみ」は候補から外したほうがよいと思います。

最後に、「海外株式」を投資対象とする商品3本のデータを見てみましょう（**図5-21**）。

この3本についてはトータルリターン、シャープレシオを見ると運用実績は良好といえますが、いずれも少々、信託報酬が高すぎる

ように感じます。

先にもご説明しましたが、運用利回りは事前に保証されているものではなく、投資家は結果をコントロールできません。アクティブファンドに高い運用利回りを期待して投資をしても、実際は運用実績がふるわないということも十分に起こりえます。

一方で、コストに関しては最初からどれくらいかかるかを知ることができ、低いものを選択することが可能です。あえて信託報酬が高い投信をポートフォリオに組み入れる必要はないように思います。

ここまでに見てきた結果から、**2018年1月時点でつみたてNISAの対象となっているアクティブファンドについては、私はポートフォリオに組み入れなくてもよい**と考えています。

もちろん、つみたてNISA対象ファンドは今後増えていく可能性があります。その中に、良好な運用実績を持ち、低コストで、インデックスファンドとはまったく異なるポートフォリオで運用されているアクティブファンドが出てくることも考えられます。その際は、ここでご紹介したアクティブファンドの選び方を参考にしていただき、改めて検討してみてください。

## 図5-21 ■ アクティブファンドの比較（3） 海外株式

| ファンド名 | セゾン 資産形成の達人ファンド | フィデリティ・米国優良株・ファンド | フィデリティ・欧州株・ファンド |
|---|---|---|---|
| カテゴリー名 | 国際株式・グローバル・含む日本（為替ヘッジなし） | 国際株式・北米（為替ヘッジなし） | 国際株式・欧州（為替ヘッジなし） |
| 運用会社名 | セゾン投信 | フィデリティ投信 | フィデリティ投信 |
| 純資産残高（百万円） | 53,482 | 18,364 | 19,268 |
| トータルリターン 3年（年率） | 9.35% | 4.89% | 9.20% |
| トータルリターン 3年（年率） カテゴリー平均差 | +6.78% | +3.85% | +5.42% |
| トータルリターン 5年（年率） | 21.30% | 19.79% | 17.48% |
| トータルリターン 5年（年率） カテゴリー平均差 | -6.62% | +3.66% | +2.67% |
| シャープレシオ 3年 | 0.60 | 0.28 | 0.56 |
| シャープレシオ 3年 カテゴリー平均差 | +0.43 | +0.16 | +0.34 |
| シャープレシオ 5年 | 1.37 | 1.19 | 1.01 |
| シャープレシオ 5年 カテゴリー平均差 | +0.43 | +0.24 | +0.16 |
| 信託報酬等（税込） | 1.35% | 1.61% | 1.62% |

※モーニングスター作成、2017年11月末時点

# 第6章

# 制度の使い分け方&メンテナンス方法を押さえよう

## 1 つみたてＮＩＳＡと「一般ＮＩＳＡ」「ｉＤｅＣｏ」をどう使い分けるか

長期資産形成に向く制度、投資にあたり節税メリットが得られる制度は、つみたてＮＩＳＡだけではありません。２０１４年にスタートした「ＮＩＳＡ（一般ＮＩＳＡ）」や、「ｉＤｅＣｏ（個人型確定拠出年金）」もあります。

資産運用にあたっては、**つみたてＮＩＳＡ、一般ＮＩＳＡ、ｉＤｅＣｏ**という３つの制度のメリットとデメリットを知り、目的に合わせて的確に使い分けることも大切です。ここで３つの制度について改めて整理しておきましょう（**図６－１**）。

一般ＮＩＳＡとつみたてＮＩＳＡは、どちらも「運用によって得た利益が非課税になる」制度です。いつでも開始でき、解約もできる自由度の高さが魅力です。２つの制度は併用できないので、一般ＮＩＳＡとつみたてＮＩＳＡのいずれかを選択することになります。

### 図6-1 ■ 一般NISA・つみたてNISA・iDeCoの比較

| | | 一般NISA | つみたてNISA | iDeCo |
|---|---|---|---|---|
| 運用可能商品 | | 上場株式・投資信託 | 金融庁が指定した投資信託（ETFを含む） | 投資信託・元本確保型商品 |
| 運用商品 | | NISAを開設している金融機関が取り扱う株式・投資信託 | 金融庁が指定し、その中から金融機関が選択した投資信託（ETFを含む） | 運営管理機関が取り扱いをしている商品のみ |
| 商品の入れ替え | | 不可（一度枠を使ったらその分は消滅する） | 不可（一度枠を使ったらその分は消滅する） | 可能 |
| 運用金額 | | 年間120万円（合計600万円） | 年間40万円（合計800万円） | 年間14万4千円~81万6千円（職業または加入の年金制度によって異なる） |
| 非課税期間 | | 最長5年間 | 最長20年間 | 20歳から60歳まで |
| 口座開設期間 | | 2023年まで | 2037年まで | なし |
| 非課税項目 | 拠出金額 | × | × | ○ |
| | 運用益 | ○ | ○ | ○ |
| | 受取 | ― | ― | ○（年金・一時金で控除あり） |
| 解約＆受取 | | いつでも | いつでも | 60歳以降受け取り（一部例外有り） |

つみたてＮＩＳＡと比較した場合、一般ＮＩＳＡの大きなメリットは「運用商品の選択肢の広さ」と「年間１２０万円まで投資可能」という点でしょう。一般ＮＩＳＡなら投信だけでなく株式でも運用できますし、投信についてはつみたてＮＩＳＡのように金融庁が条件を定めているわけではないので、口座を開設した金融機関が取

り扱っている銘柄であれば投資可能です。

利益が非課税になる運用金額は年間120万円で、この枠内なら一括投資でも積み立て投資でも利用できます。非課税期間は最長5年間なので、非課税で運用できる金額は最大で120万円×5年間＝600万円となります。

なお、5年間の非課税期間が終わったら、口座内の金融商品を翌年の非課税投資枠に移すこと（ロールオーバー）により最長10年間、非課税での運用が可能です。

## ▼iDeCoの運用目的は「自分年金づくり」

iDeCoは毎月お金を積み立てて運用する制度で、つみたてNISAに似ているところがありますが、運用の目的が「自分年金づくり」である点に大きな特徴があります。

税制メリットは一般NISAやつみたてNISAより大きく、運用益が非課税になるだけでなく、掛け金を拠出するとその分が所得から差し引かれて所得税や住民税が安くなります。また、受給時にも税制面でも優遇があります。税制メリットを重視するなら、最優先で利用を検討したい制度と言っていいでしょう。一般NISAまたはつみたてNISAとの併用も可能です。

ただし、ｉＤｅＣｏはいくつか制約もあります。

まず、会社員で企業型確定拠出年金に加入している方の場合、ｉＤｅＣｏに加入できないケースがあります。また、拠出可能な金額は職業や加入している年金制度によって異なり、年間14万４０００円～81万６０００円まで差があります。

もっとも注意が必要なのは、「年金」をつくる制度であるため、原則として60歳までは運用しているお金を引き出せないことです。老後まで使わず運用に回せる分がどれくらいなのか、よく考えて利用する必要があります。

## ▼つみたてNISAは、短くても10年超、できれば20年間運用するつもりで

では、３つの制度はどのような観点で使い分ければいいのでしょうか？　**図6－2**をご覧ください。

**つみたてNISAやiDeCoは、長期で資産形成するための制度**と位置付けられます。つみたてＮＩＳＡは非課税で最長20年間運用できますから、そのメリットを最大限活かせるよう、短くても10年超、できれば20年間は運用を続けるつもりのお金をあてるべきでしょう。ｉＤｅＣｏも30歳で加入すれば30年間、40歳で加入すれば20年間といっ

図6-2 ■ 投資目標や投資期間に応じて、運用資産を振り分ける

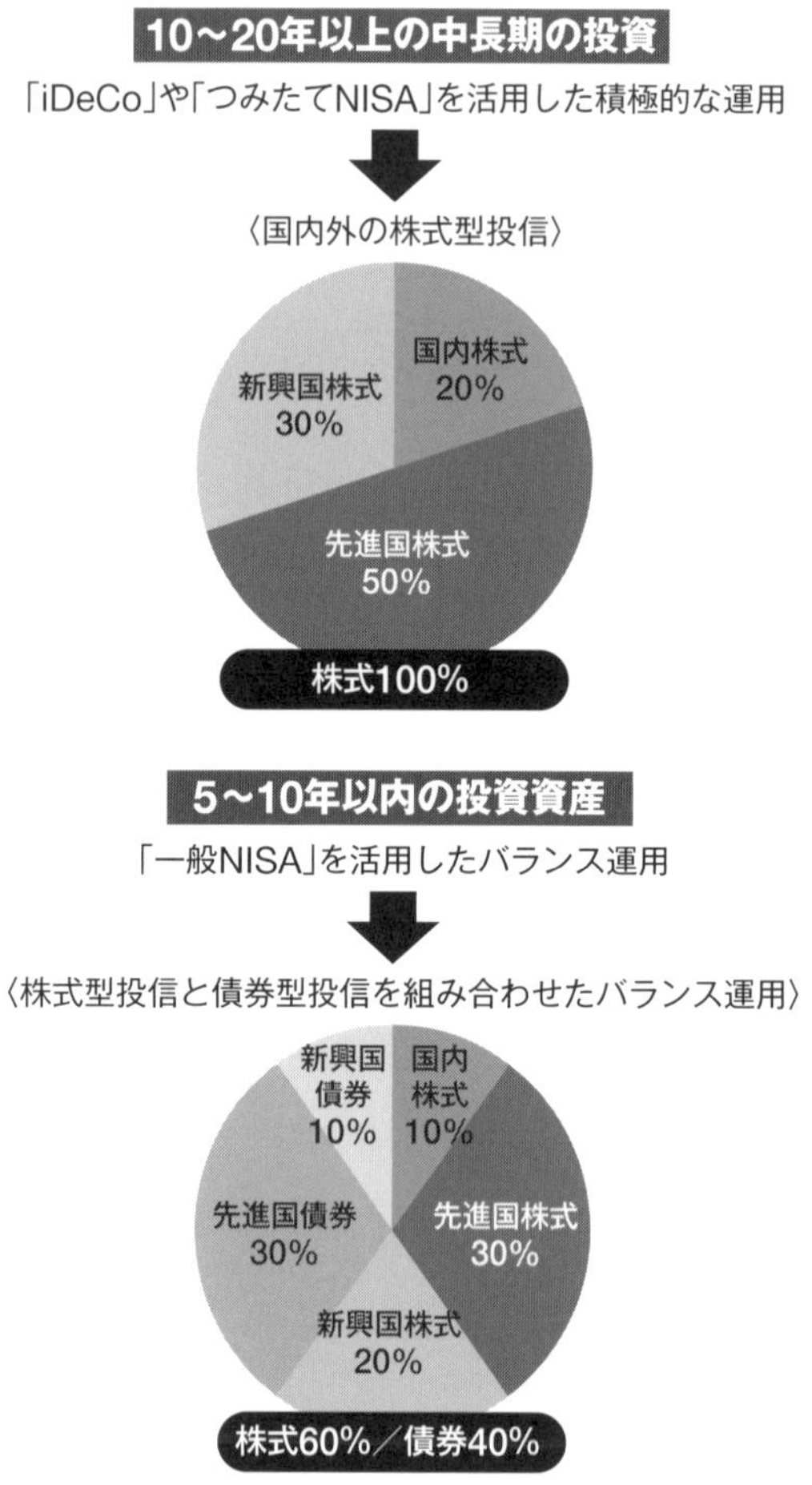

た長期での運用となります。

積み立てで長期にわたり運用していくのであれば、ここまでにご説明してきたとおり、よりリスク・リターンが高めの「株式100%」のポートフォリオで運用するのがお勧めです。

## ▼iDeCoの税制メリットを優先して利用する

**iDeCoとつみたてNISAの使い分けは、「老後資産づくりを目的としていて60歳まで引き出せなくて構わない」場合は税制メリットが大きいiDeCoを優先して利用**したほうがいいと思います。

つみたてNISAは解約の自由度を重視する場合のほか、iDeCoで運用できる金額以上を積み立て投資に回したい場合に利用するといいでしょう。

一方、一般NISAは、10年を超える運用が考えられず「5~10年程度で運用したい」という場合に向く制度といえます。運用期間が長く取れない分、リスク・リターンを抑え、株式と債券を組み合わせたバランス運用がお勧めです。私のお勧めは、「株式60%（国内株式10%、先進国株式30%、新興国株式20%）、債券40%（先進国債券30%、新興国債券10％）」というポートフォリオです。

## ▼老後に向けた資産形成は、iDeCoとつみたてNISAが最強

なお、老後に向けた長期資産形成を目指す場合は、iDeCoや企業型確定拠出年金をベースに積み立て投資を行い、さらにつみたてNISAを組み合わせるのが最強といえます。

**図6－3**は長期で積み立て投資をしていく場合のイメージ図です。

たとえば今30歳の方であれば、iDeCoや企業型確定拠出年金で30年間積み立て投資をしながら、追加で投資に回せる分はつみたてNISAを利用し、20年の非課税運用期間をめいいっぱい活用するのです。

つみたてNISA終了後は、課税口座で少しリスクを抑えたバランス運用に移行すればOKです。

## 図6-3 ■「iDeCo」と「つみたてNISA」を併用して「長期積み立て」で資産形成を行う

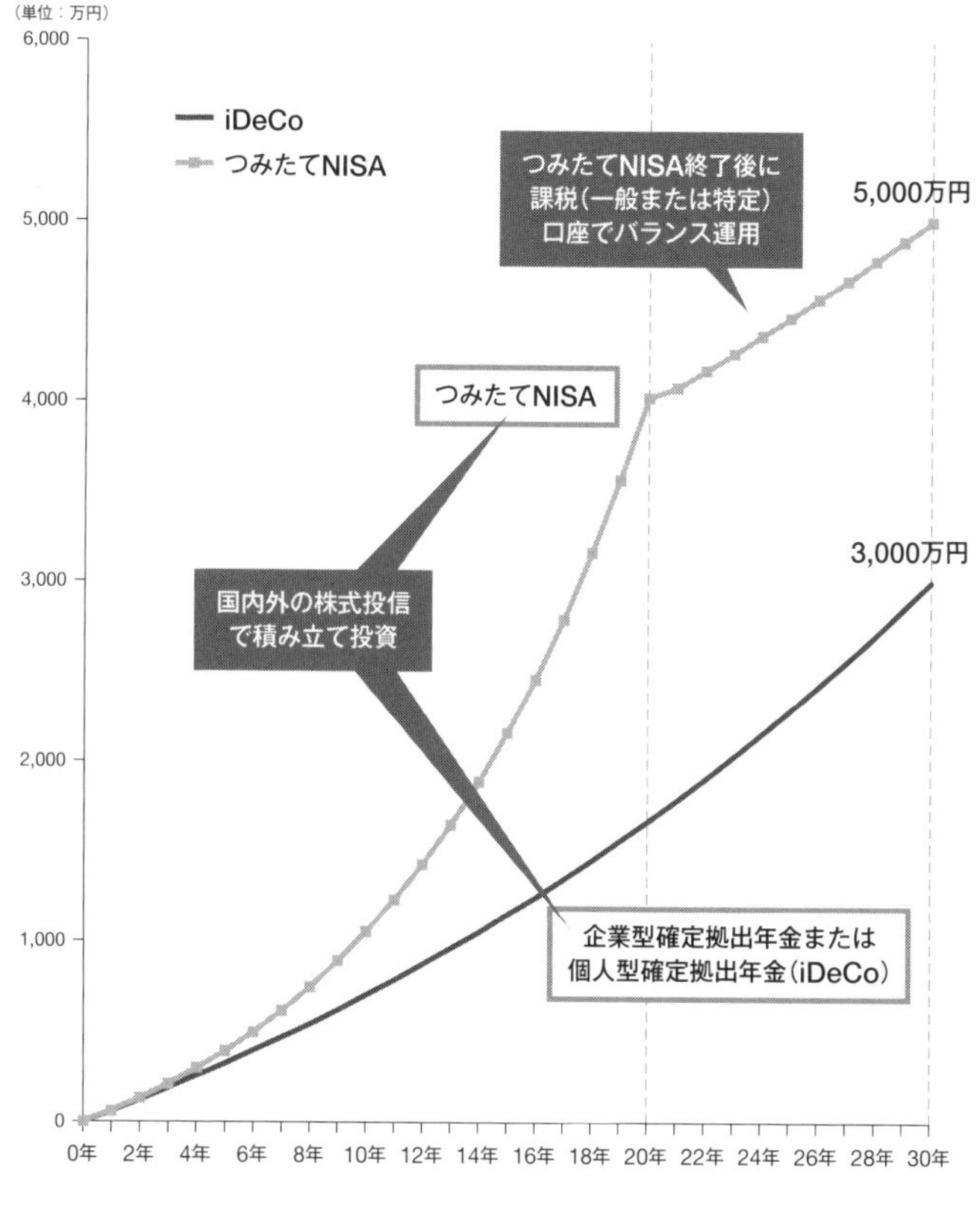

2

# つみたてNISAで運用中のリバランスの考え方

私は長期積み立て投資で「国内株式20％、先進国株式50％、新興国株式30％」というポートフォリオをお勧めしていますが、3つの資産を買えば価格が上昇するものも下落するものもありますから、徐々にこの資産配分が崩れてくることが考えられます。崩れた比率をもとの比率に戻すことを「**リバランス**」といいます。

運用中、ポートフォリオは年に1回程度はチェックし、当初のポートフォリオから10％以上のズレが生じていたらリバランスを行うようにしたいところです。

一般的には、リバランスには2つの方法があります。

1つは価格が上昇した資産を売却し、そのお金で価格が下落した資産を買う方法。

もう1つは、余裕資金を使って値下がりした資産を買い増す方法です。

しかしつみたてNISAでは、年間で投資可能な枠は再利用できません。つまり「リバランスのために一部を売却する」という方法は使えません。

このため、つみたてNISAで運用中のポートフォリオが崩れてきた場合、各投信への積み立て額を変え、比率が下がっている投信を多く、比率が上がっている投信は少なく買うようにします。資産配分が当初のポートフォリオに近づいたら、積み立て額をもとに戻せばOKです。

同じ積み立て投資でも、iDeCoではリバランスの方法が異なります。

iDeCoでは、価格が上昇した資産を売却し、そのお金で価格が下落した資産を買うのが最も簡単な方法です。

課税口座の場合、利益が出ている投信を売却すると税金が差し引かれてしまって運用効率がダウンするのですが、iDeCoであれば増加した資産を売却しても非課税なので、安心して「売ったお金で買う」リバランスを行えます（図6-4）。

## ▼一部売却する際は、バランスが整うよう3つの投信の売却額を決める

なお、つみたてNISAでは運用期間中に一部を売却するケースもありえるでしょう。

たとえば、コツコツ積み立てて50万円から500万円にまで増えたところでまとまった

図6-4 ■「つみたてNISA」と「iDeCo」の併用ポートフォリオのリバランスの考え方

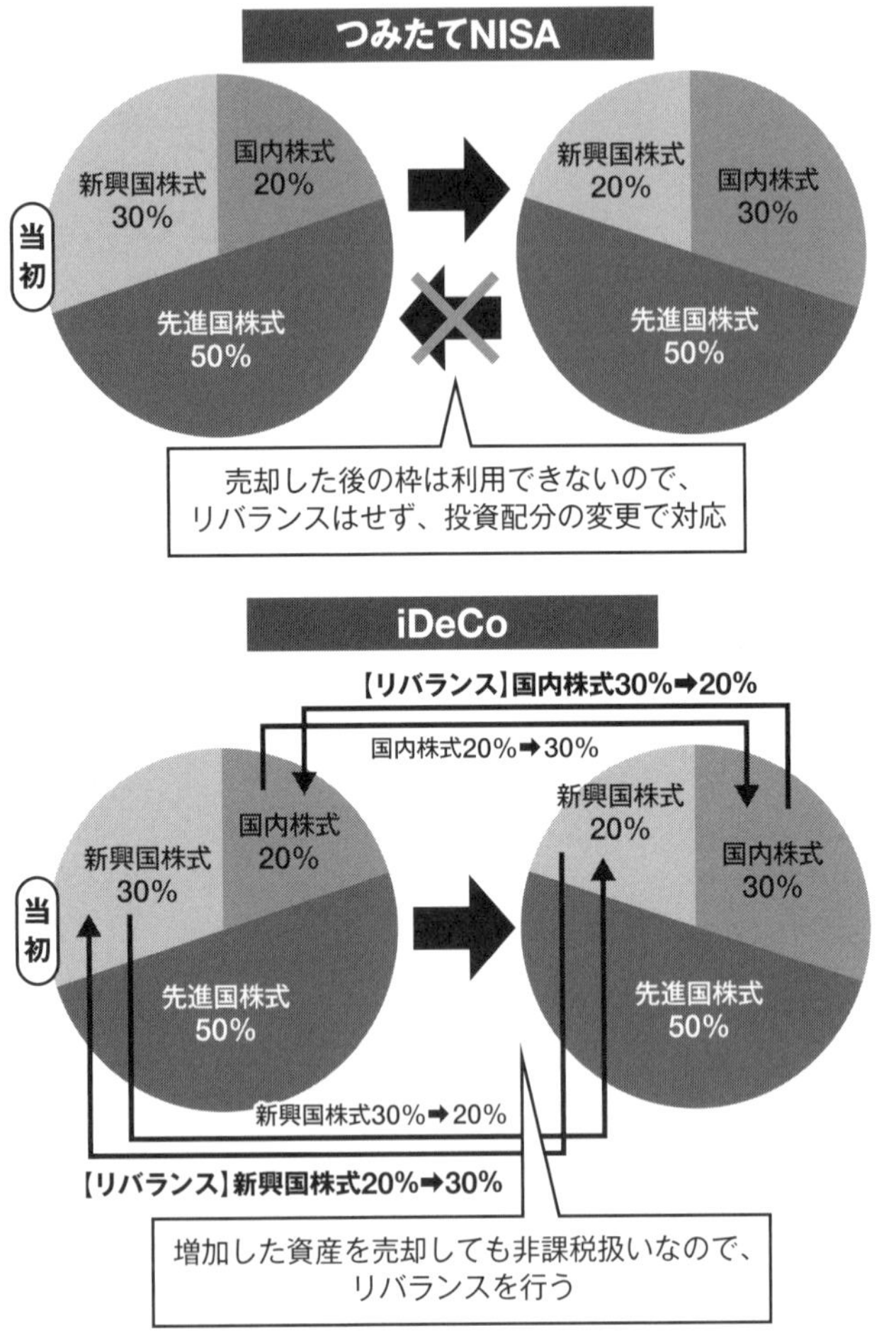

お金が必要になり、「100万円分だけ売却しよう」というような場合です。

このように一部売却する際は、ポートフォリオのバランスが整うように3つの投信の売却額を決めるのがお薦めです。

## ▼売り方のコツ

たとえば、つみたてNISAで「国内株式投信が50万円（10％）、先進国株式投信が250万円（50％）、新興国株式投信が200万円（40％）」になっているとします。

この中から100万円分を売却するなら、先進国株式投信を30万円分、新興国株式投信を70万円分、合計100万円分を売却します。

そうすると、売却後のポートフォリオは「国内株式投信50万円（12・5％）、先進国株式投信220万円（55・0％）、新興国株式投信130万円（32・5％）」となり、当初の資産構成に近づけることができます（**図6-5**）。

**図6-5 ■「つみたてNISA」の一部売却の考え方**

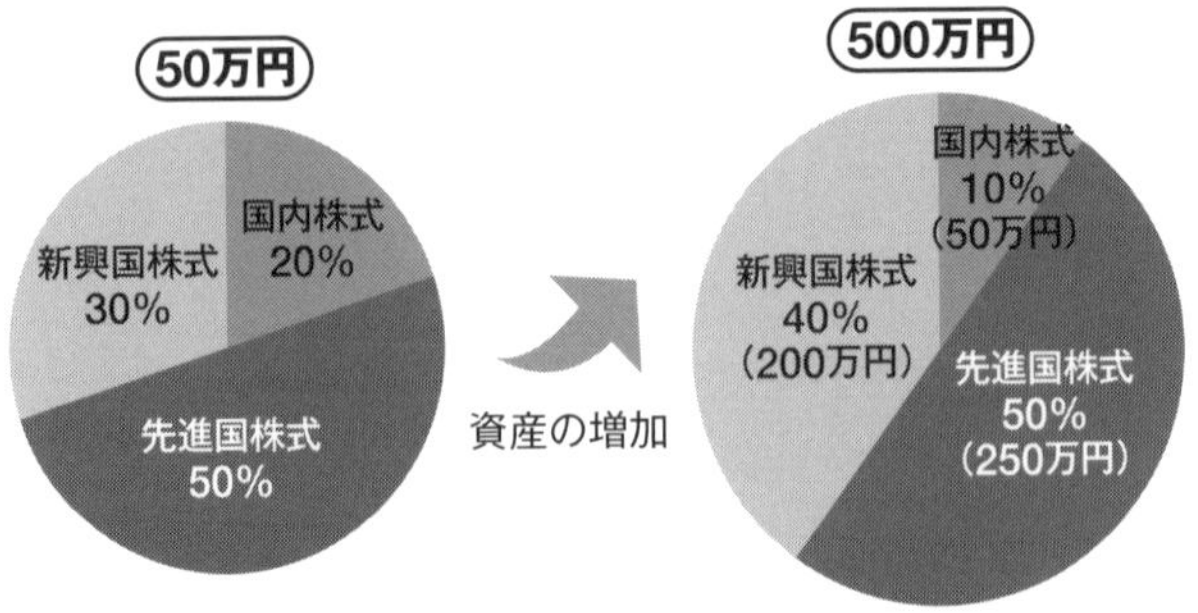


**例)100万円の売却　元のポートフォリオの構成比に近づくように売却する**

**500万円**

| カテゴリー | 金額 | 構成比 |
|---|---|---|
| 国内株式 | 50万円 | 10% |
| 先進国株式 | 250万円 | 50% |
| 新興国株式 | 200万円 | 40% |
| 合計 | 500万円 | 100% |

100万円売却

| カテゴリー | 売却額 |
|---|---|
| 国内株式 | 0万円 |
| 先進国株式 | 30万円 |
| 新興国株式 | 70万円 |
| 合計 | 100万円 |

**400万円**

| カテゴリー | 金額 | 構成比 |
|---|---|---|
| 国内株式 | 50万円 | 12.5% |
| 先進国株式 | 220万円 | 55.0% |
| 新興国株式 | 130万円 | 32.5% |
| 合計 | 400万円 | 100% |

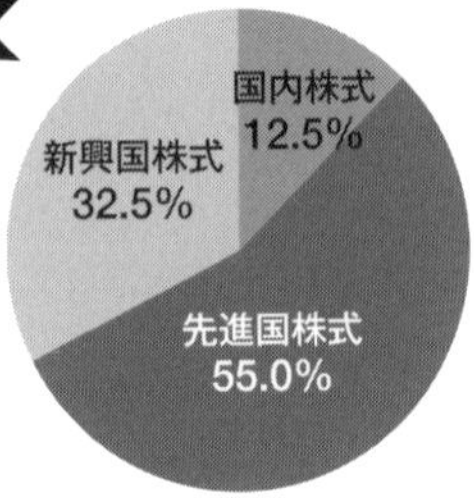

# おわりに

## 誰もが安心して投信積み立てを始められる環境が整った

最後までお読みいただき、ありがとうございました。

私はこれまで、長年にわたり長期・積み立て・分散投資の効用を訴えてきました。個人の資産形成において、投信の積み立ては非常に強力なツールであり、幅広く多くの方々にぜひチャレンジしていただきたいと思っていたからです。

それでも、これまではなかなか投信の積み立てが広がってきませんでした。先にご説明したように、銀行や証券会社などの投信販売会社は、これまで投信積み立てにはあまり積極的ではなかったからです。

しかし、状況は大きく変わりました。

金融庁が個人の資産形成を後押しするために作り上げた「つみたてＮＩＳＡ」という制度が、投信の販売会社や運用会社を動かしています。つみたてＮＩＳＡ開始に合わせて低コストなインデックスファンドが続々と登場し、銀行や証券会社はそれらの商品をこぞって取り扱うようになりました。

長期運用に向く商品がしっかりそろったことで、誰もが安心して投信積み立てを始められる環境が整ったのです。

さらに、販売会社の中には、多くの人に積み立てを始めてもらえるよう投信積み立てに関するサービスを改善したところも少なくありません。月100円、1000円といった少額からでも投信が積み立てられるところもあります。

これまで「投資は怖そう」「何を買っていいかわからない」「投資するお金なんてない」などと尻込みしていた方は多いと思いますが、もう「投資をしない理由」はありません。

本書の冒頭でも申し上げましたが、最後にもう一度、繰り返します。

ぜひ、早急につみたてNISAをスタートしてください。その行動が、きっと読者のみなさんの将来をよりよいものにしてくれるでしょう。

著者

［著者］
**朝倉智也**（あさくら・ともや）
モーニングスター株式会社代表取締役社長

1966年生まれ。1989年慶應義塾大学文学部卒。

銀行、証券会社にて資産運用助言業務に従事した後、95年米国イリノイ大学経営学修士号取得（MBA）。同年、ソフトバンク株式会社財務部にて資金調達・資金運用全般、子会社の設立および上場準備を担当。

98年モーニングスター株式会社設立に参画し、2004年より現職。

第三者投信評価機関の代表として、常に中立的・客観的な投資情報の提供を行い、個人投資家の的確な資産形成に努めるとともに、各上場企業には、戦略的ＩＲ（Investor Relations：インベスター・リレーションズ）のサポートも行っている。他にSBIグループ各社の重要な役員を兼任する。


著書に『〈新版〉投資信託選びでいちばん知りたいこと』『一生モノのファイナンス入門』『ETFはこの7本を買いなさい』（以上、ダイヤモンド社）、『ものぐさ投資術』（PHP研究所）などがある。

Facebook：http://www.facebook.com/tomoyaasakura
Twitter：http://twitter.com/tomoyaasakura

**「つみたてNISA」はこの7本を買いなさい**
**世界No.1投信評価会社のトップが教える安心・簡単な投資法**

2018年２月15日　第１刷発行
2021年７月26日　第５刷発行

著　者――朝倉智也
発行所――ダイヤモンド社
〒150-8409　東京都渋谷区神宮前6-12-17
https://www.diamond.co.jp/
電話／03･5778･7233（編集）　03･5778･7240（販売）
装丁――小久江厚（ムシカゴグラフィクス）
本文デザイン･DTP―石田　隆（ムシカゴグラフィクス）
編集協力――千葉はるか
校正――鷗来堂
製作進行――ダイヤモンド・グラフィック社
印刷――勇進印刷（本文）・新藤慶昌堂（カバー）
製本――ブックアート
編集担当――髙野倉俊勝


ISBN 978-4-478-10475-0


※本書は、特定の投資商品・投資手法を推奨するものではありません。本書に記載した情報によって読者に発生した損害や損失については、著者・発行所は一切責任を負いません。投資における最終決定はご自身の判断で行ってください。